Anderl Heckmair
Zum Glück geht's bergwärts

Uli Auffermann

Anderl Heckmair
Zum Glück geht's bergwärts

Geschichten aus dem Leben des Erstbesteigers
der Eiger-Nordwand

Mit einem Vorwort von Harry Valérien

Tyrolia-Verlag · Innsbruck-Wien

Inhalt

Grußwort 7
Vorwort 8
Einleitung 11

Anderl Heckmair:
Es kann nur besser werden 13
Der Ernst des Lebens 21
Über Land 30
Einstieg ins Bergglück 33
Unter Freunden 38
Abenteuer im Schnee 42
Seelenverwandtschaft 52
Immer locker bleiben 63
Bergvagabunden – der Drang nach Freiheit 66
Szenenwechsel 72
Steile Wände 77
Ein Nebengleis 85
Gletscher – „No risk, no fun" 88
Im Himalaja aus der Spur geraten 93
Auch das noch 96

Uli Auffermann:
Glücksgefühle in den Tannheimer Bergen 102
Spielerpech und Lebensglück 109
Lebensfreu(n)de – Anderl Heckmair und Toni Hiebeler ... 112
Heilende Energie 115
Der Hirtenstock oder woran das Herz hängt 119
Instinkt für Momente des Glücks 126
Abgetaucht 128
Das Lawinchen 130
Das Paradoxon der Gesundheit 135
Steil „aufi" bis zuletzt 141

Die Münchener Schule 161
Kurzporträts 163

Den Bergführern gewidmet

Grußwort

Anderl Heckmair – sicherlich war er *das* alpine Urgestein in Deutschland und weit über die Grenzen hinaus.

Es ist schade, dass die medienträchtige Verbindung, Heckmair und die erste Durchsteigung der Eiger-Nordwand, sein weiteres abenteuerliches Bergsteigerleben sehr oft überdeckte. Wer Anderl kannte, der weiß, dass der Eiger eigentlich nur ein weiterer und logischer Schritt in seiner Laufbahn war. Ein träumender Realist, der seine Träume zu Zielen machte und diese mit seiner sicherlich angeborenen persönlichen Härte unabdingbar verfolgte, und das nicht nur am Eiger. Neben seinen herausragenden Erfolgen am Berg war Anderl das Vorbild und Aushängeschild der deutschen Bergführerschaft in ihrer Entwicklung. Er war maßgeblich als Zugpferd an der internationalen Anerkennung beteiligt und setzte den entscheidenden Grundstein für das Image, das den deutschen Bergführer weltweit auszeichnet.

Lassen wir Anderl in seiner humorvollen Art erzählen – nicht nur vom Eiger, sondern auch von den Erlebnissen am Rande, denn diese sind es, die ein Bergsteigerleben füllen und *den* Heckmair zu dem gemacht haben, was er war, einem sehr glücklichen und zufriedenen Menschen.

*Peter Geye*r
1. Vorsitzender im Verband Deutscher Berg- und Skiführer,
Präsident der Internationalen Vereinigung der Bergführerverbände

Vorwort

Im Erinnern liegt die Zukunft

Wenn die Berge erzählen könnten! Innerstes nach außen kehren. Verborgenes schonungslos hervorlocken – mit leisen Tönen in der Biwakschachtel; mit etwas lauterem Dialog in der Wand, mit heftigem Lärm durch drohenden Steinschlag, mit grollendem Donner eines Gewitters oder dem Brüllen erschreckender Lawinen. Berge sind nicht stumm, nicht schweigsam. Der Mensch auf dem Steig, auf dem Grat oder in der Wand sucht das Gespräch und führt es auch. Allein oder mit Partnern. Im Zustand des Zweifelns oder gar der Angst.

Anderl Heckmair ist mit 98 Jahren gestorben. Er lebte zuletzt im Erinnern, ohne das Gegenwärtige wegschieben zu wollen. Das konnte er gar nicht. Und doch war dieses Leben seit langem wie ein Pendel, das nach beiden Seiten ausschlägt. „Ich habe ausgenutzt", sagte Heckmair, „was das Leben hergegeben hat. Und jetzt stehe ich voll in der Gegenwart, vom Erinnern hinein in die Zukunft." Gab's denn ein Motto? Damals schon in den dreißiger und vierziger Jahren, und später dann, als Seil und Pickel irgendwo am Kellerabgang hängen blieben? Immer was erleben, nicht bloß dasitzen und abwarten, was geschieht, meinte Anderl. Über allem stand für ihn der „Respekt vor der Natur!". Höheres gab es für ihn nie. Nach dieser Erkenntnis richteten sich sein Denken und sein Handeln. So betrachtet ein Urgestein der Berge. Keiner, der sich nicht stellte, keiner, der sich drückte oder leicht zu Kompromissen neigte. Ein beneidenswerter Vagabund der Berge. Voller Impressionen. Mit einigen Erstbesteigungen, darunter die Eiger-Nordwand, mit höchst gewagten Versuchen, heil durch eine Wand zu kommen. Und nicht selten mit dem Gedanken seiner Mutter, der Anderl könnte wieder mal nicht nach Hause kommen …

Vorwort

Irgendwann in diesem Frühjahr habe ich über Trudl nach unvergessenen Partnern von Anderl gefragt. Und was kam dabei heraus? Unter den Genannten war gerade einer mit großem Namen: Hias Rebitsch. Sonst fast nur unbekannte alte Freunde. Entweder tot, vereinzelt aber noch am Leben. So Gustl Kröner aus Traunstein, ein junger Künstler und Bergsteiger, schon 1933 an der Matterhorn-Nordwand durch Steinschlag getötet; Bartl Hütt, der auf Kreta gefallen ist; Dr. Jochen Singer aus München, mit dem Anderl so vieles geteilt hat, und Franzä Fischer, der auch sterben musste, doch unvergessen geblieben ist.

Nach dem einzigartigen Reinhold Messner gefragt, antwortete Heckmair eher zurückhaltend: „Wir waren ja nie Konkurrenten, ich konnte also neutral sein." Und Trudl, über dreißig Jahre seine wunderbare Frau, die sich in fünf Sprachen unterhalten kann, warf ein, dass sich Reinhold und Anderl im Jahr 2000 zuletzt im kanadischen Banff gesehen und ein paar Mal zusammen an der Bar gesessen hätten. In Gespräche vertieft – was sonst!

Bleiben wir noch einen Augenblick bei Trudl: Sie war siebzehn, als sie in den Ferien unter Anderls Leitung an einem Kletterkurs am Fidere-Pass teilnahm. Wer dachte da schon an Heirat? Die passierte erst gut zwanzig Jahre später. Und seitdem wanderten die beiden seelenumschlungen durch die Welt, glücklich und dankbar für Erlebtes und Geschenktes.

98 Jahre alt ist Anderl Heckmair geworden. Ernst Henne, berühmter Motorrad-Rennfahrer der dreißiger Jahre, wurde gerade erst 100; Max Schmeling, der legendäre Boxweltmeister, starb einen Tag nach Heckmair mit 99. Möglichst alt werden, sagte er unlängst wieder, aber nur, wenn die Gesundheit hält. Aktiv bleiben, Spaziergänge unternehmen, am Arm von Trudl und gestützt auf einen Stock, so sah man ihn noch bis zum vergangenen Sommer. Und dann: Ärger vermeiden. Nie mit Weggefährten über Politik und Religion debattieren. Sein immer noch gültiges Motto: Das Leben in all seinen Facetten wahrnehmen. Das Wort „Genießen" hat er nicht gebraucht.

Bei Cicero heißt es, man müsse sich der Vergreisung widersetzen und ihre Gebrechen durch Umsicht ausgleichen, gegen das Alter wie gegen eine Krankheit kämpfen, gesundheitliche Rücksichten nehmen und sich maßvoll Übungen unterziehen und schließlich so viel essen und trinken, dass man seine Kräfte stärkt und nicht belastet.

Der Anderl lebte seit Jahrzehnten so, als habe ihm Cicero das aufgetragen. Erinnerungen, gleich welcher Art, waren für ihn wie ein dicker flauschiger Teppich, auf dem sich gut ruhen und nachdenklich in die Zukunft hinein leben ließ. Von einem Tag auf den anderen, von einer Nacht auf die andere. Und noch einmal Cicero: „Das Alter ist gleichsam der letzte Akt eines Theaterstückes, bei dem wir das Gefühl von Überdruss vermeiden müssen, zumal, wenn ein Gefühl der Sättigung mit ihm verbunden ist." Anders ausgedrückt, und ganz im Sinne von Anderl Heckmair: Jeweils mit dem zufrieden sein, was einem an Zeit zum Leben vergönnt ist. Kaum jemand, der als Kluger widersprechen wollte.

Harry Valérien

Einleitung

Vermutlich taucht in jedermanns Leben früher oder später die Frage auf: Was macht mich eigentlich glücklich? Einige Menschen wissen keine Antwort darauf, manche können spontan zwei, drei Dinge aufzählen und wieder andere sind auf der Suche in der Ahnung dessen, was Befriedigung verspricht.

Da wird die moderne Psychologie bemüht, um auf die richtige Spur zu kommen, da sollen Philosophen helfen oder religiöse Vorbilder den Weg weisen. Ein klares Patentrezept scheint es offensichtlich nicht zu geben. Mögen die Herangehensweisen, wie man sein Glück findet, auch höchst unterschiedlich sein, sicher ist wohl, dass jeder für sich individuell suchen muss, und das im Leben wahrscheinlich mehrmals und immer wieder neu!

Anderl Heckmair hatte seinen Weg gefunden. Schon sehr früh begann er, für sich in die richtige Richtung zu gehen, teils bewusst, teils, weil ihm das Schicksal wenig Wahlmöglichkeiten bereithielt. Bisweilen strauchelte er, blieb trotzdem konsequent bei seinen Wünschen und ließ sich nicht abbringen von dem, was ihn ausmachte.

Eine entbehrungsreiche Kindheit und Jugend verdeutlichte ihm, dass Verzicht auch Gewinn sein kann, dass Reduzierung den Blick für das Wesentliche schärft.

Als Motiv seines Daseins akzeptierte er ein grundsätzliches Schneller, Besser, Höher, Weiter nicht. Eine Leistung fremdbestimmt zu erbringen war ihm allzeit zuwider, wohingegen er gerne Höchstleistungen aus eigenem Antrieb vollbrachte. Spontaneität, Neugier und seine ausgeprägte „innere Stimme" sind die Basis, von der aus er unzählige Glücksmomente durchlebte. Anderen etwas zu vermitteln, etwas abzugeben von seiner Energie, machte Anderl froh. Über allem aber stand, seine Erlebniswelt mit Trudl, seiner Frau, seiner großen Liebe, zu teilen. Der

Kern dabei, die Seele des Ganzen, war Anderls Verbindung zur Natur. Das Hochgebirge in seiner Einzigartigkeit wurde zum idealen Umfeld. Mit hellwacher Offenheit entwickelte er hier die Fähigkeit, ganz im Augenblick des Erlebnisses zu sein und instinktiv zu einem Teil der Urkraft dieser extremen Landschaft zu werden.

All das spiegelt sich in den nachfolgenden Geschichten, Anekdoten und Episoden wider. Mögen wir uns anstecken lassen von Anderl Heckmairs Begeisterungsfähigkeit und der Haltung, den Dingen mehr Leichtigkeit zu geben. Haben wir Spaß an dem Zwinkern in den Augen und dem Charme seines Humors. Vielleicht können wir profitieren von seiner Lebenslust und Genussfähigkeit. Und möglicherweise kann ja seine Art, Erlebnisse herbeizuführen, eine Orientierung darstellen für alle, die noch auf der Suche sind!

Uli Auffermann

Es kann nur besser werden

Mein Vater war Gartenmeister in der Stadtgärtnerei in München und hatte eine Dienstwohnung in der Baumschule. Das war das Eldorado unserer Jugend. Es gab Teile in diesem großen Garten, die wegen des Ersten Weltkrieges völlig verwilderten. Darin spielten mein Bruder und ich unsere eigenen „Kriege". So wuchsen wir auf in völliger Freiheit und für Stadtkinder in seltener Naturverbundenheit.

Aus meiner Kinderzeit habe ich ein Erlebnis in Erinnerung, das den damals noch unbewussten Drang zu den Bergen ganz deutlich charakterisiert. Ich war acht Jahre alt und in der zweiten Volksschulklasse. An einem schönen Tag war es mir angenehmer in den Wald zu gehen, als im schwülen Schulzimmer zu sitzen. Ein paar Schulkameraden fand ich zu meinen Schandtaten immer. So schwänzten wir am Nachmittag den Unterricht

Heckmair (li.) mit seinem Bruder Hans, 1926

und gingen zum Baumkraxeln. Es war im Frühjahr, und es muss ein seltener Föhn geherrscht haben. Als wir an einer Waldschneise, die sich nach Süden zog, vorbeikamen, sah man die Berge so deutlich und durch den Föhn in solche Nähe gerückt, als wäre es nur eine halbe Stunde zu ihnen. Ich fing an zu laufen, kümmerte mich nicht mehr um die anderen und lief und lief den Bergen entgegen. Da wurde ich müde, setzte mich hin und fing an, in Zorn und Wut zu weinen. Wie ich wieder zurückkam, weiß ich nicht mehr, aber ich weiß noch genau, dass darauf fürchterliche Regentage kamen. Die mich trösteten, weil man mir sagte, wenn es regne, könne man auf keinen Berg steigen.

Als Anderl Heckmair zehn Jahre alt ist, stirbt sein Vater.

Im Dezember 1916 starb mein Vater nach einem langen Leiden. Ich war noch zu klein, um dieses Unglück zu begreifen, weinte aber mit, weil alles weinte. Die Mutter konnte meinen Bruder und mich mit der kargen Pension, die sie erhielt, in der schweren Kriegszeit nicht ernähren. Wir kamen daher ins Waisenhaus. Hier herrschten Ordnung und Disziplin. Das fiel uns freiheitsgewohnten Bengels sehr schwer. Die Kost war mager, der Hauslehrer und die Schwestern freudlos und grimmig. Um sechs Uhr in der Frühe hieß es aufstehen mit einem Gebet, dann gab es eine Schale Milch mit einem Stück Kartoffelbrot. Jeden Tag ging es nach dem Frühstück in die Hauskapelle zur Messe und dann in die Schule. Fiel diese wegen Kohlenmangels aus, wurde die Schulstunde im Heim abgehalten. Zwischendurch gab es auch wieder Stunden der Freizeit. Alles war eingeteilt: wann man beten, lernen, essen musste und ganz wenige Stunden, in denen wir sprechen, das heißt lärmen durften. Und das wollten wir doch den ganzen Tag. Der Zwang war mir entsetzlich. Paarweise mussten wir täglich am Nymphenburger Kanal auf der einen Seite einen Kilometer hinauf-, auf der anderen herabspazieren. Seit dieser Zeit hasste ich das Spazierengehen.

In der nahe gelegenen Schule „residierte" ein Hauptschullehrer, der dann im Waisenhaus denen, die nicht recht aufpassten und nicht mitkamen, Nachhilfestunden erteilte. Unter diesen war auch ich. In der Schule habe ich mich nie angestrengt und wäre sicher einige Male sitzen geblieben, hätte ich nicht in einigen Fächern, wie Naturkunde und Geografie, besonders gute Noten gehabt. Außerdem verhängte der Hauptschullehrer Strafen für unsere Missetaten. Den Strafvollzug führte der Hausmeister durch. Dazu mussten wir uns in einem Nebenzimmer mit entblößtem Hinterteil auf den Boden knien. Je nach Schwere der Tat wurden die Schläge dosiert. Mich verdonnerte man einmal zu zwölf Schlägen, weil ich einer Schwester einen Stuhl an den Kopf geworfen hatte. Den Stuhl wollte ich eigentlich einem Mitschüler, der mich geärgert hatte, raufwerfen, aber ich traf unglückseligerweise die Schwester. Die Strafe empfand ich als sehr ungerecht.

Heckmairs Mutter hatte immer viel Verständnis für seine Bergbegeisterung.

Bei kleinen Vergehen verabreichte uns der Hauptschullehrer mit einem Rohrstock „Tatzen", und er sagte dabei immer „Du Wicht", worauf wir ihn auch nur als „Wicht" betitelten. Als er sich einer Operation zu unterziehen hatte und dabei starb, sollte einer von uns einen Prolog sprechen. Ein Lehrer setzte den Text auf, und wir alle mussten ihn lernen und dann vorsprechen. Ich hatte sofort einen Hintergedanken und lernte den Prolog, ganz im Gegensatz zu meinem sonstigen Verhalten, sehr gründlich. Beim Probesprechen setzte ich all meine mir zur Verfügung stehende Ausdrucksfähigkeit ein und war weitaus der Beste. In der Aussegnungshalle sollte ich nun die gelernte Trauerrede halten. Mein Vorsatz war aber: „Du Wicht bekommst keine Trauerrede!"

„Soweit meine Erinnerung zurückreicht, lag in mir der Drang zum Bergsteigen." Anderl Heckmair in den zwanziger Jahren

Ich stand in der Mitte, umgeben vom Kreis der Klosterschwestern und der Mitschüler, und sagte keinen Ton. Von allen Seiten wurde mir eingeflüstert; ich blieb weiter stumm. Daraufhin erwartete ich wieder eine saftige Strafe. Aber im Gegenteil, die Schwester empfand meine Haltung als Rührung und Ergriffenheit. Nachher wurde ich dementsprechend bedauert und getröstet. Der „Wicht" kam ohne Prolog ins Grab.

Im September 1919 kamen wir als unterernährte Waisenkinder zu einem Erholungsaufenthalt in die Schweiz nach Stanz. Im letzten Augenblick durfte ich an Stelle meines Bruders, der jetzt in die Lehre musste, auch noch mit. Vor Freude fiebernd, weil ich wieder in die Nähe der Berge kam. Im Hotel Stanzerhorn waren wir untergebracht. Dort wurden wir erst einmal gewogen. Um gutes Gewicht vorzutäuschen, stopfte ich mir Steine in die Hosentaschen. Beim nächsten Wiegen hatten alle zugenommen, nur ich nicht, denn ich entledigte mich jedes Mal einiger Steine. So erhielt ich immer eine Portion extra.

Am nächsten Tag durften wir spazierengehen. Zwar geschlossen wie gewohnt in Zweierreihen und in Begleitung der Schwester aus dem Waisenhaus. Einen Feldweg einschlagend, kamen wir zur Südseite des Bürgenstocks. Dort klatschte die Klosterschwester in die Hände und sagte: „Nun, Kinderlein, dürft ihr springen!" Sofort stürmten wir, mächtige Steine unter uns lostretend, auf einer steilen Sandreiße, die sogar von kleinen Felswandeln unterbrochen war, empor. Das war gar nicht im Sinne der Schwester. Etwa 100 Meter waren wir schon hoch, als furchtbares Geschrei uns mahnte einzuhalten. Etwas war passiert. Ich war zuoberst an der Spitze. Umkehr, alles zurück, unwillig folgten wir dem Befehl. Dann stehen bleiben, als wir oberhalb dem Wandl waren, keiner durfte sich mehr rühren. Ein paar Bauernburschen kamen und halfen uns herunter. Der Letzte, der herabgeholt wurde, war ich. Bleiche, bestürzte Gesichter bei allen. Ein lebloser kleiner Körper lag im Grase. Am Felswandl war er gestürzt, oder er hatte einen Stein abbekommen, keiner wusste es genau. Da ich am weitesten oben war, kam ich als Letzter runter und durfte mit der Schwester beim Abgestürzten sitzen bleiben. Die anderen wurden von Einheimischen nach Hause geführt. Das war der erste tödliche Bergunfall, den ich erlebte, und ich war fast stolz darauf, die Totenwache halten zu dürfen. Eine Untersuchungskommission kam und nahm den Fall auf.

Nach der Beerdigung wurde uns erlaubt, frei nach Hause zu gehen, während wir sonst immer Händchen in Händchen nebeneinanderher schreiten mussten. Natürlich nutzten wir diese Freiheit sofort aus zum Bockspringen. Als ich den Bock machte und einer hinter mir herangelaufen kam, wich ich in dem Augenblick aus, als er sich auf mich stützen wollte. Bumms, flog er auf das Pflaster und brach sich den Arm. Zur Strafe musste ich mit ihm täglich zum Doktor gehen, dessen Frau uns arme Waisenkinder immer mit Kakao und Kuchen bewirtete, was wir der Erzieherin natürlich nie erzählten.

Das empfand ich als eine sehr angenehme Strafe.

Bei einem Ausflug zum Vierwaldstätter See sahen wir zu, wie ein Dampfer sich dem Steg näherte. Mit einem anderen Schüler vereinbarte ich sofort, er solle mir einen „ungewollten" Stoß geben, damit ich ins Wasser falle; was er auch getan hat. Ich konnte schon recht gut schwimmen und suchte im Wasser das Weite: Das Schiff tutete aus allen Rohren. Dann erst wendete ich und suchte mein Heil im Schilf.

Als ich ans Ufer kam, erwartete ich wieder eine saftige Strafe. Aber ich wurde von den liebenswürdigen Schweizern sehr bedauert und sofort in eine warme Stube geführt, wo man mir trockene Kleider gab. Wieder wurde ich, statt gestraft, bemitleidet und mit Kuchen verwöhnt.

Nach dem „Wicht" kam ein sehr aufgeschlossener Lehrer als Direktor ins Waisenhaus. Die höchste Instanz dort war zuvor eine Oberin. Die Behörde meinte aber, dass zur Erziehung von Kna-

Anderls Erstkommunion, mit Hans

ben ein männlicher Leiter geeigneter wäre. So bekamen wir nun einen Inspektor, der uns mit seinem schwarzen Bart und seiner gewaltigen Erscheinung zuerst Furcht einflößte. Doch bald gewann er unsere kleinen Herzen, als er als Erstes Sport einführte. Täglich hatten wir jetzt unsere Turnstunden. Es gab Preise für den besten Läufer, Schwimmer, Turner usw. „Ein Ball demjenigen, der die ersten zwölf Klimmzüge fertig bringt." Nach drei Wochen war der Ball in meinem Besitz. Vor allem schaffte der Neue die übertriebene Beterei der Klosterschwestern ab; schon deshalb war er mir sehr sympathisch.

Die sechswöchige Ferienzeit wurde benützt, um von Kaufbeuren nach Berchtesgaden zu wandern und unterwegs kleine Chorkonzerte zu geben. Im Waisenhaus bildete man uns nämlich zu Chorknaben aus. Ich hatte keine Veranlagung zum Singen, trotzdem durfte ich mitgehen, weil ich der beste „Marschierer" war. Nachdem ich den Chor durch meine Falschsingerei einige Male umgeworfen hatte, verzichtete man auf meine Mitwirkung. Dafür musste ich das Foto unserer Chorknaben im Publikum an den Mann bringen.

Den Erlös habe ich auf den Pfennig genau abgegeben, aber die reichlichen Trinkgelder, die ich erhielt, verschwieg ich. Mein Mangel an Fähigkeit zu singen hat mir dadurch zu großen Vorteilen verholfen und verhinderte das Aufkommen eines Komplexes.

Dieses Fehlen einer stimmlichen Begabung hat sich fortgesetzt bis zur Militärzeit, wo ich Singverbot bekam, weil ich durch meine falschen Töne den Gesang und Rhythmus der Marschkolonne zu sehr durcheinander brachte.

Meine Erstkommunion fand im Waisenhaus statt. Eine Schwester warnte uns, auf die Hostie zu beißen, denn davon würde die Zunge schwarz. Mich reizte das, und ich biss kräftig zu und hoffte auf die schwarze Zunge, weil ich das interessant gefunden hätte. Nix war's. Die Zunge behielt ihre natürliche Farbe wie eh und je. „Die Schwestern lügen ja selbst", dachte ich mir. Das war für mich der erste Anlass, am Glauben zu zweifeln.

Der zweite Anlass kam in der Berufsschule, wo ich eine Zeichnung machen musste. Der Lehrer fragte: „Meinst du, dass das richtig ist?" „Ich glaube schon", antwortete ich. Darauf gab er mir eine schallende Ohrfeige – das war damals so üblich – und sagte: „Glauben heißt nichts wissen!" „Wenn das so ist", dachte ich mir, „dann glaube ich nix mehr."

Der Ernst des Lebens

Im Jahr 1920 war meine Schulzeit beendet. Was willst du für einen Beruf, war die große Frage, die uns schon wochenlang vorher vorgelegt wurde. Wir sollten selbst entscheiden, denn jeder sollte das werden, was er gerne werden will. Nur wenige wussten, was sie wollten. Und das waren die, die ein ausgesprochenes Talent zum Zeichnen, Malen oder zur Musik hatten. Wir minder Begabten standen vor dem größten Rätsel unseres Lebens. Da halfen wir uns auf die Weise, dass wir uns lange Papierstreifen machten, darauf alle erdenklichen Berufe schrieben, die Zettelchen einrollten, nun jeder ein „Los" bekam und dann nachschaute, was er gezogen hatte. Ich zog Gärtner. Der Lehrer und die Erzieher waren begeistert von meinem Entschluss.

Mit Bruder Hans bei einer Skitour im Urlaub während des Krieges, 1941

„Das steckt im Blut", sagten sie, „der Vater war Gärtner und der Großvater auch schon." Ich dachte mir, sie sollen ruhig daran glauben, wenn es ihnen gefällt; ich hätte auch Kaminkehrer oder Konditor ziehen können.

Das Waisenhaus vermittelte mich dann als Lehrbub in eine Münchener Gärtnerei. Ich stellte mir diese Tätigkeit sehr ideal vor, das war sie aber nicht. Die Zeiten waren sehr schlecht und Lehrlinge billiger als Gehilfen. Dass Arbeiten anders ist als Spielen, musste ich bald erfahren. Um vier Uhr in der Früh hieß es aufstehen, dann die vom Tau völlig nassen Blumen schneiden, wovon besonders die Dahlien, die mir weit über den Kopf hinauswuchsen, unangenehm waren. Um sechs Uhr gab es Kaffee. Ich war aber bis dahin schon längst völlig durchnässt und hatte kein Gewand und keine Zeit mich umzuziehen. Das Essen war schlecht, aber reichlich. Freizeit gab es keine, auch Sonn- und Feiertage nicht. Wo war die Freiheit, die ich mir erträumt hatte, wann durfte ich in die Berge? Immer unzufriedener wurde ich mit meinem Beruf und meiner Stellung. „Lehrjahre sind keine Herrenjahre", das wurde mir nicht bloß gesagt, sondern auch gezeigt.

In der Hauptsache musste ich grasen (Unkraut jäten), und dabei blieb es. Der Meister war ein ausgesprochener Lehrlingsschinder. Ich war nicht der Einzige, sondern er hatte noch sieben andere Lehrbuben, von denen immer mal wieder einer davonlief, ich auch. Das kam so: Im Winter mussten die Gewächshäuser mit Brettern am Abend zu-, am Morgen wieder aufgedeckt werden. Da ich nach einem Jahr Tätigkeit noch keinen Tag freibekommen hatte – in einer Gärtnerei mussten die Pflanzen auch am Wochenende gepflegt werden –, nahm ich mir die Freiheit und ging ungefragt mit meinem Bruder an einem Sonntag zum Rodeln.

Am Montag, beim Abdecken des Glashauses, stellte mich der Meister und stauchte mich furchtbar zusammen. Jähzornig war ich in meiner Jugend immer schon. Mich packte die Wut, und ich schlug ihm ein halb angefaultes Brett auf den Kopf, dass es in Fetzen flog. Darauf großes Geschrei. Ich sprang über die Mistbeete hinweg zum Ausgang. Dort aber versperrten mir die anderen Lehrlinge und Gehilfen das Tor. So schlug ich einen Haken, sauste auf die Ummauerung zu, sprang hoch und flankte hinüber.

Dann stürmte mir die Meute nach. Aber im Davonlaufen war ich stets gut und hatte sie sehr bald abgehängt. Was jetzt? Ich wusste, dass ein anderer Gärtner als Konkurrent mit meinem Meister verfeindet war. Schnurstracks lief ich in die Gärtnerei des Konkurrenten und erzählte ihm das Geschehnis. Dieser hat-

Der junge Heckmair ist so oft wie möglich im Gebirge.

te ein dickes Bäuchlein, und er lachte so, dass der ganze Bauch wackelte. „Bleib nur da, Bub, ich bringe das schon in Ordnung." Tatsächlich erreichte er, dass meine Lehrzeit ohne Unterbrechung auf ihn überwechselte.

Auch hier gab es Gewächshäuser mit einem langen Vorraum mit Umtopftisch und einem rechteckigen Holzverschlag, in welchem die Buchführung verwahrt wurde. Beim neuen Meister fühlte ich mich sehr wohl. Ich wurde nicht mehr ausgenützt, und er erklärte mir alle Pflanzennamen, was der vorherige Meister nie getan hatte. Als Bewacher gab es einen großen russischen Bärenschnauzer, mit dem ich immer meine Brotzeit teilte und raufte. Da ich eines Tages eine seltene Pflanze, die im Vorraum des Gewächshauses stand, vergessen hatte zu gießen und sie vertrocknete, wollte mir der sonst so gutmütige Meister eine runterhauen. Er stand unglücklicherweise neben seinem Holzverschlag. Als er ausholte, duckte ich mich, und er schlug mit dem Unterarm an die Kante und brach sich den Arm. Im gleichen Augenblick sprang mein Freund, der Russel, seinen Meister an und biss ihn in den anderen Arm. Daraufhin hatte der Meister den einen Arm in Gips, den anderen dick verbunden in der Schlinge.

Von seinen Freunden, die ihn des Öfteren besuchten, wurde er wegen dieser Geschichte verlacht. Mir aber geschah gar nichts, und mit meinem schlechten Gewissen habe ich mich nun doppelt in meine Arbeit reingehängt.

Ich hatte den Auftrag, die Geranienkästen auf die Fensterbankl des Hotels „Vier Jahreszeiten" zu stellen. Dabei kam ich in ein Appartement mit Luxusbad. Dieser Verführung konnte ich nicht widerstehen. Dass ich dabei erwischt werden könnte, daran dachte ich gar nicht. Ich ließ warmes Wasser in die Wanne laufen. In meiner angeborenen Bescheidenheit nahm ich vom Regal eine Flasche Kölnischwasser und goss es in das Bad; ich wollte auch einmal gut riechen. Wohlig wälzte ich mich im duftenden Wasser, seifte meinen Gärtnerdreck mit einer wohlriechenden

Seife ab und fühlte mich so sauber wie noch nie. Übrigens – gemerkt hat niemand etwas von meiner Badeorgie!

Ich hoffte, noch mehr so duftende Aufträge zu erhalten, was aber nicht noch mal geschah. Nur die Frau des Gärtnermeisters, die meinen ungewohnten Duft erschnupperte, sah mich erstaunt an.

Zum ersten Mal war ich zusammen mit einem Freund in einer Stelle als Herrschaftsgärtner in Starnberg. Neben der Arbeit blieb uns noch viel Zeit zum Sporteln. Nur zum Bergsteigen gehen konnten wir kaum noch, denn auch sonntags hatten wir zu tun. Allerdings nur das Decken der Gewächshäuser und das Begießen und Spritzen. Zwischen diesen rannten und sprangen wir um die Wette. Bis auf fünf Meter hatten wir ein Ziel zum Weitspringen abgesteckt, die wollte ich erreichen. Mit einem gewaltigen Satz sprang ich endlich um 20 Zentimeter sogar darüber hinaus. Aber beim Aufsprung krachte etwas, ich hab's selbst deutlich gehört. Ich flog in den Rasen und konnte nicht mehr

Den Zauber des Augenblicks genießen; im Wilden Kaiser, dreißiger Jahre

Der Wilde Kaiser war Treffpunkt der Extremkletterer: Heckmair beim Seilzug-Quergang

aufstehen. Das Bein war gebrochen. Alle hatten Mitleid, worüber ich mich am meisten ärgerte, denn Mitleid habe ich nie vertragen können. Die sechs Wochen Krankenzeit, die darauf folgten, genoss ich, und sie kamen mir sichtlich zustatten, indem ich endlich durch das Ruhighalten und die ausgezeichnete Kost 25 Pfund zunahm. Als die Mutter mich einmal besuchte, erkannte sie mich gar nicht wieder, so groß und breit war ich plötzlich geworden. Mit meinen achtzehn Jahren hatte ich bisher im Gewicht die Zentner-Grenze nicht überschritten. Nun erreichte ich innerhalb von zwei bis drei Monaten fast 63 Kilo. Das war für viele Jahre mein absoluter „Gewichtsgipfel"!

Mit meinem Freund wollte ich unbedingt etwas von der Welt sehen, und wir nahmen eine Gärtnerstelle in der Nähe von Stuttgart an. Ich merkte aber bald, dass ich es dort, so weit weg von den Bergen, nicht mehr länger aushielt. Also bewarb ich mich um eine Ausbildung an der Höheren Gartenbauschule in Weihenstephan bei Freising und bekam tatsächlich einen Platz. Endlich war ich wieder in der Nähe des Gebirges! Freising ist eine uralte Kleinstadt, in der es von Studenten wimmelte, denn es gab dort alle möglichen Hochschulen. Eine ehemalige Kaserne war als Schülerheim eingerichtet. Dort traf ich meine künftigen Schulkameraden, meist Norddeutsche. Auch ein Münchner war dabei, der mit mir schon auf der Fachschule gewesen war. Zur Aufnahmeprüfung musste man als Hauptarbeit einen Aufsatz schreiben über den „Einfluss der Sonne und des Wassers auf die Pflanze". Ich schrieb einen verheerenden Mist zusammen, und nach der Korrektur sah das Blatt aus wie ein Schlachtfeld. Die anderen hatten aber auch nichts Besseres geschrieben. Bei den mündlichen Prüfungen vermuteten die Lehrer vielleicht doch in den hintersten Winkeln meines Gehirns eine verborgene Intelligenz, denn sie ließen mich zu meiner Freude, aber entgegen meinen Erwartungen durchkommen.

Wir bezogen unser Schülerheim und fingen an, die alten Schulweisheiten aufzufrischen. Dass die Gärtnerei so weit in die Wissenschaft hineingreift, davon hatte ich keine Ahnung. 36 Fächer sollte man beherrschen. Mir brummte schon nach den ersten Tagen der Schädel, aber den anderen brummte er auch. Das war mir ein Trost.

Es herrschte der Fimmel, dass wir Studenten sind und daher besondere Menschen. Das wurde verbreitet durch eine Art Studentenverbindung, die sich aus Schülern der Gartenbauschule zusammensetzte. Ein Präsident hieb mit dem Säbel in den Tisch hinein, schrie „Silentium" und tat einen Trinkspruch. Alles soff mit, darauf wurde gemeinsam ein Lied gesungen. Das sollte zur Förderung einer besseren Kameradschaft der Schüler dienen. Mir waren die Zeremonien immer zuwider, und ich ging nur hin zum Gefallen der näheren Freunde. Als aber eine farbige Mütze getragen werden sollte, machte ich den Krampf nicht mehr mit und zog mich mit der Begründung, dass ich es mir finanziell nicht mehr erlauben konnte, zurück. Das war auch so. Ich musste mit zehn Mark in der Woche auskommen. Nur fünfmal aß ich zu Mittag à 70 Pfennig, das waren 3 Mark 50, und abends gab ich nicht mehr aus als 25 Pfennig, so reichte es, allerdings mit Kohldampf. Die anderen fünf Mark sparte ich mir und fuhr damit ab und zu ins Gebirge, denn das war doch schließlich der Zweck meines Schulbesuches.

Der Eintritt in die Schule war im Februar 1927. Viele Jahre waren vergangen, seit ich die Schulbank zum letzten Mal gedrückt hatte, und nun saß ich plötzlich wieder auf einer in einem nüchternen Klassenzimmer. Da ich nur frische Luft und viel Bewegung gewohnt war, schlief ich während des Unterrichts dauernd ein. Das ging aber nicht mir allein so, auch die anderen mussten mit der Schläfrigkeit kämpfen. Es dauerte ziemlich lange, bis die eingerosteten Gehirnzellen so weit aufgeweicht waren, dass sie wieder aufnahmefähig wurden. Bei manchen kam dieser Moment überhaupt nie, und diese wurden schon gleich nach der ersten Semesterprüfung hinausgestellt.

Im zweiten Semester hieß es besser aufpassen, es ging darum, ob man in den höheren Lehrgang aufsteigen durfte oder nicht. Wir Volksschüler mussten in den Hauptfächern einen Durchschnitt von 1,6 fertig bringen, während die Jungs, die eine Realschule oder ein Gymnasium absolviert hatten, mit einem Dreier noch in den höheren Lehrgang kamen. Wieso diese Ungerechtigkeit, das verstehe ich heute noch nicht. Jedenfalls war das Tatsache, und ich wollte einfach nicht durchfliegen. Also strengte ich mich an und fand keine Gelegenheit mehr, in die Berge zu gehen. Es kam eine Zeit, da interessierte mich sogar das, was ich lernen musste, und das half mir weiter vorwärts. Zu den Besten zählte ich aber nie. Ich gab nur manchmal so überraschend gute Antworten in der Schule, dass die Lehrer auf den Glauben kamen, hinter mir könne doch mehr stecken, als ich zeigte. Ich selbst teilte diesen Glauben nie, und als dann die großen Prüfungen kamen, flog mancher durch, der das Weiterstudium weit eher verdient hätte als ich.

Anderl Heckmair in den dreißiger Jahren

Über Land

Als ich im Jahr 1931 arbeitslos war, habe ich mich an dem Gemüsehandel eines Spezis beteiligt. Er war immer in Geldnot und konnte in der Großmarkthalle kaum einkaufen. Wenn man nix einkaufen kann, kann man auch nix verkaufen! Zuvor war er aber Ausfahrer in einer Margarinehandlung gewesen. Als diese Firma Pleite ging und er schon monatelang keinen Lohn mehr bekommen hatte, erbat er sich als Entschädigung den Kastenwagen, ein Ford T-Modell. Die Firma, die ansonsten nichts mehr besaß, hat ihm auch gleich ihren zweiten, ebensolchen Wagen gegeben. Damit war mein Freund hochzufrieden, und ich habe ihm ausgeholfen. Da mir eine Freundin 500 Mark Startkapital lieh, konnte ich nun Teilhaber an diesem Gemüsehandel werden. Das Geschäft florierte anfangs sehr gut; aber nicht lange, denn die alten Wagen gaben bald ihren Geist auf. Schon morgens um drei Uhr mussten wir im Winter unter dem Motor ein kleines Feuerchen anzünden, damit er sich erwärmte und dann ansprang, um rechtzeitig in der Großmarkthalle von München zum Einkaufen zu sein.

Unsere Fahrt ging zu den Händlern in den kleinen Dörfern um München bis Bayrischzell. Das war aber gar nicht so einfach, denn wir hatten mindestens drei bis vier Pannen bei jeder Fahrt. Da mussten wir z. B. das Rad abheben und den geplatzten Schlauch wie bei einem Fahrrad flicken, wieder aufmontieren und mit 600 Pumpstößen auf den richtigen Reifendruck bringen. Auch sonst hatte der Wagen viele Tücken, so dass ich mit der Zeit jede Schraube kannte. Vom zweiten Wagen haben wir die notwendigen Ersatzteile aus- und beim anderen Wagen wieder eingebaut. Scheibenwischer gab es damals auch noch nicht. Bei Schneefall musste sich einer während der Fahrt auf die Motorhaube setzen und den Schnee ständig abwischen. Wenn es bergauf ging, konnten wir nur mit dem Rückwärtsgang hochkommen. Im Sommer war das natürlich etwas einfacher. Wir

Über Land 31

nahmen gerne Anhalter, meist Wanderburschen, mit, denn wenn wir nicht hochkamen, hatten wir Hilfe beim Schieben.

Der Wagen war schwarz gestrichen und hatte die Kastenform eines Leichenwagens. Eine Leiche hatten wir tatsächlich einmal zu transportieren. Zuvor aber hatten wir unsere Obst- und Gemüseeinkäufe in der Großmarkthalle getätigt. Dann fuhren wir zu dem Friedhof, wo wir die Leiche abholen sollten. Es handelte sich um die Umbettung eines vor Jahren Verstorbenen. Die Gebeine wurden uns in einer Kiste überreicht. Als wir diese in unseren Wagen stellen wollten, sind die Friedhofsmänner, als die unsere Gemüseladung sahen, wie von Taranteln gestochen hochgegangen. Mit einem Körbchen Kirschen beruhigten wir sie und überredeten sie so, die Kiste neben den Fahrersitz zu stellen. Einer von uns setzte sich hinten rein, aber nicht lange.

Auf dem Gipfel, dreißiger Jahre

Einige Kilometer weiter haben wir die Kiste doch nach hinten umgeladen und darauf unsere Gemüsewaage gestellt. Niemand hat bemerkt, dass wir das Obst und Gemüse auf der Leichenkiste auswogen. Beim Empfänger, den wir in den Wagen nicht hineinschauen ließen, gaben wir die Leichenkiste ab und verlangten den Tarif für eine Sonderfahrt.

In Sauerlach gerieten wir einmal in eine Kuhherde, und wir ließen unseren Karren durch Ein- und Auskuppeln ein bisschen springen: Das hat eine Kuh so gereizt, dass sie mit ihren Hörnern in unseren Kühler hineinstieß. Das Ausrinnen des Kühlwassers haben wir von da an gestoppt, indem wir das Pulver des Zichorienkaffees ins Kühlwasser schütteten.

Auch sonst hatte das Vehikel seine Mucken. Der Benzintank befand sich genau unter dem Fahrersitz. Einen Boden hatte der Wagen keinen drin, und das Auspuffrohr lief unter dem Benzintank rot glühend durch, was besonders bei Nacht Explosionsgefahr erahnen ließ. Explodiert ist das Auto zwar nie, aber der durchlöcherte Kühler verursachte im Winter immer richtige Eiszapfen, die von unserer Zichorienmischung ganz braun herunterhingen.

Eines Tages, ich war allein mit dem Wagen von Pasing nach München unterwegs, krachte es plötzlich, und die Kurbelwelle war gebrochen. Es gelang mir gerade noch, an den Straßenrand zu rollen, und ich stand ratlos da.

Aus dem Kühlerdeckel drang auch noch Rauch heraus wie aus einer Lokomotive. Da ich nicht mehr weiterfahren konnte, also den Wagen stehen lassen musste, montierte ich die Nummernschilder ab, um danach nicht als Eigentümer erwischt zu werden. Da kreuzte ein Gendarm auf und fragte mich, was da los sei. Ich erklärte ihm die Situation, für die er absolut Einsicht hatte. Er sagte mir: „Im Kühlerblock ist aber auch noch eine Nummer." Dann half er mir mit Hammer und Meißel, diese unkenntlich zu klopfen. Das war wirklich ein Polizist als „Freund und Helfer". Auf meine Frage, was jetzt mit dem Wagen geschieht, meinte er, dass der schon mal abgeholt wird.

Einstieg ins Bergglück

Die Benediktenwand hatte es mir angetan.

Als ich nach der Lehre in Starnberg eine Stelle als Gärtner hatte, fuhr ich mit dem frühesten Zug zum Ausgangspunkt für die Benediktenwand, musste aber in Tutzing umsteigen. Hier stieg ich versehentlich in den Zug, der zu meinem Entsetzen wieder zurück nach Starnberg fuhr. Gleich bei der ersten Station stieg ich wieder aus und lief eine Stunde zurück nach Tutzing, wo aber kein Zug mehr stand. Da machte ich mich zu Fuß die 15 km auf den Heimweg nach Starnberg. Es war noch recht früh am Morgen. Das Gartenhaus, in dem ich mit einem Kollegen schlief, war noch zugesperrt. Darum bin ich am Spalier hochgeklettert zum offenen Fenster und hab mich wieder ins Bett gelegt, wo der Kollege noch schlief. Als er erwachte, glaubte er, da schläft ein Fremder. – Ich wurde recht unsanft geweckt. – Da vor Mittag noch ein Zug nach Bichl ging, bin ich wieder zur Benediktenwand gefahren. Fast im Laufschritt an der Tölzer Hütte vorbei, erreichte ich den Wandeinstieg. Der Durchstieg durch die Wand erschien mir viel kürzer als die Überschreitung. Dies war meine „erste Klettertour". Am Abend war ich wieder zu Hause.

Heckmair ist erfüllt von der Begeisterung für das Klettern.

Seit meinem ersten Kletterversuch in der Benediktenwand hat mich das Kletterfieber ergriffen. Die nächste Tour war dann eine richtige Felskletterei auf die Kampenwand. Nun fühlte ich mich schon fast als Bergsteiger. Mein Bruder hatte mit einem Freund im Wilden Kaiser eine Tour ausgemacht. Es regnete aber derart, dass er gar nicht fort-, aber seinen Freund auch nicht versetzen wollte. Er bezahlte mir die Fahrt nach Kufstein. Bei Nacht und Nebel stieg ich auf zur Stripsenjochhütte. Als ich richtig in den Nebel hineinkam, war es stockdunkel wie die ägyptische Finsternis, so dass ich die Hand nicht mehr vor den Augen sah. Es blieb mir nichts anderes übrig, als mich hinzusetzen und zu warten, bis es heller wird. Allerdings wurde es nicht heller, aber

Totenkirchl mit Stripsenjochhütte, Wilder Kaiser

Einstieg ins Bergglück

Piazstelle, Wilder Kaiser

mir wurde es in dem nassen Zustand zu kalt. So setzte ich, den Hintern als Tastorgan benützend, den Aufstieg im Sitzen fort. Nach Stunden erreichte ich vor Tagesanbruch endlich die Hütte, getraute mich aber nicht, mich bemerkbar zu machen, sondern legte mich auf die Hausbank. Als es endlich heller wurde, sperrte die freundliche Tochter des Hüttenwirts auf, sah meinen jämmerlichen Zustand und holte mich herein, wies mir ein Lager im Schlafsaal zu und nahm meine Kleider zum Trocknen mit in die Küche. Die Sonne weckte mich wieder auf, und die Berge waren mit Schnee überzuckert, was mich tief beeindruckte.

Der Freund meines Bruders war nicht da, aber ein anderer Bergsteiger sortierte gerade seine Haken und Karabiner und war dabei, sein Seil einzupacken. Ich fragte ihn schüchtern, ob er klettern gehen wollte. Die Nordkante des Predigtstuhls möchte er versuchen. Ich bot ihm an, ihn zu begleiten. In meiner Begeisterung wäre ich mit ihm auch in die schwerste Wand eingestiegen, aber schon in der mäßig schwierigen Nordkante gab es Probleme. Ein kleiner Quergang, den mein Begleiter nicht bewältigte, führte zu einer Rissreihe. Ich bat ihn, es mich einmal versu-

Anderl Heckmair beim Abseilen im Wilden Kaiser

chen zu lassen. Ich benützte die Tritte, auf denen er stand und nicht rüberkam, als Griffe und war sogleich im Riss. Dann übernahm er wieder die Führung. Sobald es aber schwieriger wurde, ließ er mich wieder vorausgehen. Knapp unter dem Gipfel gibt es ein sehr ausgesetztes Band (Opelband), das er nicht schaffte und etwas von Umkehr sprach. Wieder ging ich vor, aber nicht durch dieses nass-schmierige Opelband, sondern einfach senkrecht hinauf zum Gipfel. Das etwas kurze Seil reichte nicht. Auf einem jämmerlichen Stand konnte ich auch schlecht nachsichern. Er schlug vor, ich solle doch einen Haken schlagen, den ich aber nicht hatte. Am Seil befestigte er nun Haken, Karabiner und Hammer, die ich hochzog. So schlug ich den ersten Haken meines Lebens in den Fels.

Trotz Sicherung kam der Gefährte nicht nach, es blieb mir nichts anderes übrig, als auf seinen Wunsch zur Umkehr einzuwilligen. Bedächtig stiegen wir die ganze Nordkante wieder ab, und ich sicherte ihn von oben her über die schwierigen Stellen. In einen Riss verklemmt, wollte er auf keinen Fall mehr weiter, sondern biwakieren und um Hilfe rufen. Das brachte mich in Wut, und ich drohte ihm, wenn er nicht gleich weitergeht – denn es war ja noch hell –, werfe ich ihm Steine auf den Kopf. So kamen wir die Kante wieder hinunter. Als wir den Wandfuß erreicht hatten, war es tatsächlich stockdunkel. Jetzt wäre ich bereit gewesen zum Biwakieren, er aber suchte tastend nach unseren zurückgelassenen genagelten Bergschuhen – damals ging man im Fels noch mit leichten Kletterschuhen – und fand sie schließlich auch. So konnten wir den guten Steig hinauf zum Stripsenjoch gehen. Noch vor Anbruch des Tages sind wir hinaus nach Kufstein und erwischten den Frühzug nach München.

Mein Bruder hatte schon große Sorge, weil ich am Abend nicht zurückgekommen war, und eilte zum Bahnhof zum ersten Zug aus Kufstein. Er hat mich natürlich voller Freude empfangen. Meine Selbstsicherheit beim Bergsteigen hatte gewaltig zugenommen.

Unter Freunden

Auf der „Hochempor-Hütte" am Spitzing verbrachte ich im Winter 1929/30 meine Arbeitslosenzeit. Unter der Woche war ich meist allein und wartete schon sehnsüchtig auf die Freunde, die mir auch immer etwas an Verpflegung mitbrachten. An einem Wochenende, als es stürmte und schneite, ist niemand gekommen, und ich hatte schon seit Donnerstag nichts mehr zu essen gehabt. Mein Bruder lebte in Bayrischzell und war mit meiner unsteten Lebensweise gar nicht einverstanden. Aber wohin sollte ich sonst als zu ihm? So habe ich mich zu dem schweren Gang entschlossen, per Ski über das Rotwandhaus durchs Kleintiefental nach Bayrischzell zu gehen. Im Kleintiefental hatte die DAV-Sektion Bayerland-München eine Hütte, und als ich dort vorbeikam, rief mir einer zu: „Anderl, komm rein und trink einen Tee!" Das ließ ich mir natürlich nicht zweimal sagen. Zum Tee hat er auch noch eine Brotzeit aufgetischt. So geht das dann – ich blieb bei dem Freund ein Vierteljahr lang. Wir wurden mitverpflegt von den reichlichen Beständen einer nebenstehenden Militärhütte.

Die damaligen Extrembergsteiger von München schlossen sich in dem Privatclub „Hochempor" zusammen. Schon unsere Vorgänger haben diesen Club nach dem

Hans Brehm, typischer Münchener Bergvagabund, kam 1931 an der Grandes Jorasses-Nordwand ums Leben.

Fischer Franzä, eines der originellsten Mitglieder vom Club „Hochempor", beim Zitherspiel, 1949

Ersten Weltkrieg gegründet, und sie erwarben zwei Berghütten: eine am Spitzing und die Bockhütte im Reintal. Wer Mitglied werden wollte, musste ein Extrembergsteiger sein und wurde erst aufgenommen, wenn er Schafkopf spielen konnte. Bei der allwöchentlichen Versammlung wurde in freier Rede erzählt, welche Touren man am Wochenende gemacht hatte. Hernach setzte man sich zum Schafkopfen zusammen.

Eines der originellsten Mitglieder war der Fischer Franzä (das „ä" am Ende seines Vornamens gehört durchaus dazu und erfährt sogar eine gewisse Betonung, zugleich drückt es eine vertraute und freundschaftliche Beziehung aus). Er war gelernter Bäcker, und nach seiner Aussage hatte er am „Doag" (Teig) angefangen. Somit war er Frühaufsteher, was ihm in seiner späteren Laufbahn als Bergführer und Hüttenwirt sehr zugute kam. Außerdem spielte er

Zusammen mit Hans Brehm gelingt Heckmair die fünfte Begehung der Civetta-Nordwestwand; im Quergang, Dolomitenfahrt 1930

auf seine Art Zither. Dabei war er sehr flexibel in der Wahl seiner Stücke. Einmal, mitten in seinem Spiel, erschien ein Mann in der Tür und meldete aufgeregt einen tödlichen Bergunfall – sofort schaltete der Franzä um auf einen Trauermarsch. Niemand durfte in der Oberreintal-Hütte aufstehen, bevor sein Zitherstückl zu Ende war. Er war immer der Letzte, der ins Lager ging, und der Erste, der aufstand, auch wenn es morgens um zwei Uhr war.

Franzä war verliebt in die Tochter Resi vom Hüttenwirt des Reintal-Angerhauses. Wenn gerade kein Bergsteiger auf der Oberreintal-Hütte war, sauste Franzä abends auf das Reintal-Angerhaus, wohin man normalerweise vier bis fünf Stunden benötigt, zu seiner Resi. Trotzdem war er am frühen Morgen wieder auf seiner Oberreintal-Hütte. Man sieht, auch Liebe verleiht große Motivationskraft fürs Bergsteigen!

Mit Brehm Hans und Ertl Hansä, damals schon bekannte Kletterer, machte ich eine Dolomitenfahrt, natürlich per Fahrrad. Zum Gepäcktransport konstruierte uns Hansä ein Gigwägelchen. Es

Unter Freunden

hat sich nicht bewährt, da es der drückenden Last nicht gewachsen war und des Öfteren ein Rad verlor. Am Schluss trugen wir nicht nur unsere Rucksäcke, sondern auch den Gig auf der Schulter.

Für uns waren nun die ganz großen Wände „reif" geworden. Zuerst durchstiegen wir die Civetta-Nordwestwand. Dann war die zweite Begehung der Sass Maor-Ostwand fällig. Dazu mussten wir das Rad über mehrere Pässe schieben. Bei einer Abfahrt flatterte uns ein Huhn ins Fahrrad. Das kam uns gar nicht ungelegen, und wir drehten dem Huhn den Kragen um. Dabei beobachteten uns die Bauern, die von ihrem Feld mit Rechen und Mistgabeln auf uns zustürmten. Wir ergriffen schleunigst die Flucht. Mich hätten sie beinahe erwischt, denn bei der Abfahrt hatte ich meine defekte Felgenbremse mit Draht zusammengebunden.

Nun ging's zum Rollepass bergauf, hinter mir die aufgeregten Bauern. Ich strampelte um mein Leben mit der festgezurrten Bremse bergauf. Den Bauern ging aber die Luft schneller aus. Ungeschoren schoben wir dann unsere Räder auf den Rollepass, und auf einer Alm wurde das Hühnchen von Hansä kunstgerecht am Feuer gebraten.

Heckmair und Brehm nach der Civetta-Besteigung, Dolomitenfahrt 1930

Abenteuer im Schnee

Für meine Wintertouren hatte ich einen Clubkameraden gewonnen, Bartl Hütt. Wir waren zusammen auf unserer Hütte am Spitzing und unternahmen eine kleine Skitour. Dabei schlug Bartl vor, zusammen auf eine größere Skiwanderung in die Ötztaler Alpen und in die Silvretta zu gehen. Ich antwortete ihm: „Ich kann ja noch gar nicht recht Ski fahren." – „Das macht nichts, das lernst du dann unterwegs." Einen besseren Kameraden hätte ich mir gar nicht wünschen können. Bartl war ein Schwerathlet; er hatte Arme wie ich Schenkel. Wir hatten aber kein Geld, und er meinte, wenn wir auf das Geld warteten, kämen wir nie fort. So sind wir in dem schneereichen Winter 1931 im März losgezogen mit zusammen 30 Mark in den Taschen. Unsere Freunde fragten uns: „Wie lange wollt ihr denn fortblei-

Ohne Arbeit und Geld verbrachte Heckmair – hier mit Bartl Hütt – schon mal ein paar Monate auf Berghütten.

ben?" Wir antworteten: „So lange, bis es keinen Schnee mehr gibt", denn Zeit hatten wir als Arbeitslose genug.

Damals verwendete man zum Aufstieg kaum Steigfelle. Es gab dafür Steigwachse in verschiedenen Sorten. Das Beste war ein Klister, den wir uns aber nicht leisten konnten. Wir kamen auf die glorreiche Idee, Klister selbst zusammenzubrauen. Da braucht man nur dünnflüssigen Rotholzteer, und um die richtige Konsistenz zu schaffen, konnte man dazu Schallplatten schmelzen, damals aus Schellack. Bei Bartls Mutter nahmen wir einen großen Topf, erhitzten die Teermasse und bröckelten die Schallplatten hinein. Die Masse wurde dadurch wieder zu dick, worauf wir Teer nachgossen. Bald reichte uns der Topf nicht mehr, und wir nahmen zum Entsetzen seiner Mutter einen zweiten, bis endlich der gewünschte Erfolg eintrat. Den so gewonnenen Klister füllten wir in verschließbare, kleine Marmeladenbüchsen ab. Wir meinten ja, einen Vorrat für ein Vierteljahr zu brauchen.

Unsere Skitour begannen wir in Garmisch und stiegen zuerst auf die Bleispitze. Ein Bauernbub kam uns auf seiner Abfahrt entgegen mit nur einem Ski; den gebrochenen hatte er auf der Schulter. Mit dem einen Ski fuhr er gekonnt durch den steilen Wald. Wir haben nur so gestaunt und wussten, dass wir das ja nie so lernen würden. Die Abfahrt wählten wir direkt zum Fernpass, ohne zu ahnen, in welches Gelände wir da hineingeraten. Natürlich schmiss es uns abwechselnd, und mir brach dabei ein Skistock. Am Fernpass recht und schlecht angekommen, bauten wir unsere Ski zusammen und machten daraus einen Schlitten, auf dem wir unsere schweren Rucksäcke transportierten. In Ötz leisteten wir uns den Bus nach Zwieselstein. Während der Fahrt verlor der Bus sämtliche Ski mit Zubehör. Der Busfahrer fuhr die Strecke zurück und sammelte alles wieder ein. Es fehlte nichts außer meinem Stock, den ich ja schon vorher nicht mehr hatte. Der Chauffeur aber, etwas schuldbewusst, verschaffte mir einen Ersatz. Ich hatte braune Bambusstöcke, und er brachte mir einen weißen und entschuldigte sich vielmals, dass er keinen

Heckmair während einer Skitour im Stubaital

braunen aufgetrieben hatte. Großzügig wie ich war, „verzieh" ich ihm das und nahm den weißen Stock dankend in Empfang, so dass meine Ausrüstung wieder komplett war.

Beim Aufstieg kam unser selbst gebrauter Klister zur Anwendung. Es funktionierte aber nicht recht, denn sogar feuchter Schnee blieb dauernd am Ski pappen. Die Klisterbüchsen haben uns im Rucksack so sehr belastet, dass wir schier verzweifelten. Nach und nach warfen wir einen Kübel nach dem anderen weg, denn unser Klister bewährte sich sowieso nicht.

Bei den Hüttenwirten gestanden wir gleich, dass wir kein Geld hätten, dass wir aber jede Arbeit und jeden Auftrag übernehmen würden. Anfänglich waren sie sehr misstrauisch, jedoch unsere Arbeitswilligkeit schätzten sie bald hoch ein, und so ging uns dann ein guter Ruf von Hütte zu Hütte voraus. Es war gerade Osterzeit, und die meisten Hütten waren überfüllt. Da fand sich für uns Arbeit genug. Wir holten z. B. zusätzlichen Proviant vom Tal herauf. Am Bahnhof kamen die Gäste schwer bepackt an. Wir stellten uns zur Verfügung, einen Teil ihres Gepäcks auf die Hütte zu tragen, wenn sie dort oben die Verpflegung für uns übernehmen. Das hat immer prima geklappt. Aber als ich später selbst als schwer bepackter Tourist irgendwo ankam, habe ich nie jemanden getroffen, der mir mein Gepäck erleichtert hätte. Die Verpflegung hätte ich gerne übernommen.

Sechs Wochen waren Bartl und ich schon im Ötztal unterwegs. Wir saßen gerade auf der Tübinger Hütte und hielten wieder einmal Kassensturz. Dabei kamen nur zwei Schilling zutage. „Was machen wir? Gehen wir heim, oder schleichen wir uns über die Grenze in die Schweiz?" – „Zum Heimfahren reichen die zwei Schilling auch nicht, gehen wir in die Schweiz!"

In Klosters war es schon Frühling. „Probieren wir es erst einmal auf dem Bau, ob wir da was verdienen können." Überall hätten sie uns gerne genommen, aber das war gegen die Bestimmungen. Dann versuchten wir es in einer Gärtnerei. Natürlich hatte ich keine Zeugnisse bei mir. Der Meister war erst misstrauisch. Als ich ihm aber in einem Frühbeetkasten all die verschiedenen Pflanzen aufsagen konnte und er meiner Versicherung, dass ich auch von der Gartengestaltung etwas verstehe, Glauben schenkte, war er hellauf begeistert, besorgte uns Quartier – und das andere würde er schon richten. Wir sollten nur mal zu seiner Frau gehen und uns verpflegen lassen. Das ließen wir uns nicht zweimal sagen, hatten wir doch einen achttägigen Kohldampf im Bauch.

Es war gegen Abend, die Frau stellte eine riesige Schüssel mit Nudeln und Kompott auf den Tisch und forderte uns auf, ruhig anzufangen, die anderen würden bald kommen. Das war ein Fehler. Bei unserem Hunger konnten wir uns nicht beherrschen, und Bartl, der normalerweise schon für zwei aß, hat für vier gegessen, und ich für zwei der nicht anwesenden Tischrunde. Im Nu war alles verputzt. Als der Meister mit seinen Gesellen eintraf und nichts mehr vorfand, machte er ein dummes Gesicht. Seine Frau war geradezu entsetzt, dass wir in dieser kurzen Zeit alles vertilgt hatten. Ungastlichkeit kann man aber den Schweizern nicht nachsagen. Als sich die anderen mit Kaffee und Brot begnügen mussten, haben wir nochmals kräftig mitgehalten.

Heckmair als Bergführer unterwegs: herrliche Aussicht auf Bernina und Bellavista

Am nächsten Tag begannen wir mit der Arbeit. Ich pikierte (vereinzelte) Pflänzchen, Bartl sollte aus dem Glashaus Erde herausfahren. Er nahm die Schaufel, spuckte in die Hände, holte aus und stieß mit dem Stiel durch das Glasdach. Einen Elefanten soll man eben nicht in ein Glashaus stellen.

Als nach einigen Tagen durch das Einschreiten der Behörden unsere Tätigkeit beendet wurde (uns war das gerade recht), sind wir mit unseren Ski über die Vereina-Hütte ins Engadin zur Bernina gezogen.

Auf der Boval-Hütte trafen wir zwei berühmte Wiener Bergsteiger, Dobiasch und Vaitl, die am anderen Tag mit ihren Touristen zum Piz Palü hinaufspurten. Wir wollten eigentlich einen Tag ruhen, doch das schöne Wetter und die schöne Spur waren zu verlockend. Wir sind am späten Vormittag noch aufgebrochen und haben die Partie am Gipfel eingeholt. Statt Anerkennung holten wir uns einen Anraunzer wegen Nachlaufens in der Spur. Wir hatten geglaubt, Berühmtheiten müssten über so was erhaben sein. Am nächsten Tag sind wir um drei Uhr aufgestanden und haben die Spur auf die Bernina gelegt. Diesmal waren es die Herren Vaitl und Dobiasch, die nachkamen. Sie sparten dann aber nicht mit anerkennenden Worten über unsere Spur. Vaitl bekam große Augen, als er meinen Anorak mit Kapuze sah. 1931 war so ein Bekleidungsstück noch völlig unbekannt. „Wo hast du den denn her?" Ich erzählte ihm, dass ich ihn am Einstieg der Civetta gefunden habe. „Dann ist es ja der meinige, ich habe ihn aus Lappland mitgebracht und unter der Civetta liegen gelassen." Solche Zufälle gibt es. Die Freundschaft war geschlossen, und wir hatten keine Sorgen mehr wegen Verpflegung und Übernachtungsgebühren.

Jahre später, als ich als Skilehrer in Davos tätig war, traf ich Dobiasch wieder. Er fuhr mit mir und meiner Gruppe nach Klosters. Auf dem letzten Hang stürzte er so unglücklich, dass er mit dem Kopf auf einen faustgroßen Stein schlug und sofort tot war.

Ende Mai dachten wir allmählich an die Heimreise, nachdem wir drei Monate im Gebirge gewesen waren. Die Ski und alles, was wir entbehren konnten, schickten wir von St. Moritz aus nach Hause. Wir selbst begannen unseren Weg auf Schusters Rappen. Dabei ärgerte uns ein Seil, das wir vergessen hatten mitzuschicken, mussten wir es doch jetzt als unnötigen Ballast schleppen. Das war aber ein Irrtum.

Kurz vor Zuoz im Engadin, als wir in einem Heuhaufen nächtigten, zog uns ein Bauer bei Morgendämmerung an den Füßen heraus und schimpfte in seiner rätoromanischen Sprache ganz furchtbar. Ich fand, es wäre an uns gewesen zu schimpfen, weil

Heckmair als Skilehrer in Davos, dreißiger Jahre

er uns unnötig weckte. Als er gar nicht mehr aufhörte, sagte ich zu Bartl nur: „Hau ihm eine runter!" Auf das hatte Bartl nur gewartet, und im nächsten Moment tauchte der Bauer etwas unfreiwillig mit dem Kopf ins Heu. Dann rannte er auf das nächste Dorf zu. Da unsere Nachtruhe schon mal gestört war, haben wir uns auch auf die Socken gemacht und sind naiv und ahnungslos in das Dorf marschiert, als uns plötzlich drei Männer den Weg versperrten. Einer davon war der Bauer und ein anderer der Polizist, aber in Zivil. Das war der kritischste Augenblick der ganzen Fahrt. Ein unrechtes Wort, und es wäre zu einer gewaltigen Rauferei gekommen.

Bartl stand schon entsprechend in freudiger Erwartung da. Der Gendarm beschwichtigte: „Macht doch keine Dummheiten, wir wollen ja nur wissen, wer ihr seid und ob ihr nicht im Fahndungsbuch steht!" Das leuchtete uns ein, und wir gingen brav mit. In einem Haus führten sie uns eine steile Treppe empor, ließen uns höflich den Vortritt in ein Zimmer, knallten hinter uns die Tür zu und sperrten ab. Das war aber gar nicht fein, uns so in eine Falle zu locken. Aus dem Fenster schauend, stellten wir fest, dass wir in einem Turmzimmer eingesperrt waren und eine glatte Mauer von zehn bis zwölf Metern bis hinunter in einen Garten ging. Zu was haben wir das Seil dabei? Nach ein paar Minuten standen wir unten. Bergsteiger mit einem Seil soll man halt nicht in einen Turm sperren!

Ein Jahr später waren Bartl und ich monatelang mit Ski im Berner Oberland und Wallis unterwegs. Bei der Heimfahrt in der Nähe des Lago Maggiore radelten wir, uns unterhaltend, eine Straße hinunter. Da rief uns ein Mann nach: „Ihr seid ja Deutsche!" Wir waren braun gebrannt wie Kaffeebohnen. Das ist ihm wohl aufgefallen. Er lud uns ein, in sein Haus zu kommen, und wollte uns bewirten. Dazu kauften wir die nötigen Lebensmittel ein. Bartl sollte die Kocherei übernehmen, während der Mann, der sich als Deutscher und als Lehrer vorstellte, mir die Sehenswürdigkeiten des Ortes zeigte. Inzwischen hatte Bartl gekocht, er schaute verärgert zum Fenster hinaus und drehte uns sein Hinterteil entgegen, als wir zurückkamen. Ich fauchte ihn an, er solle sich normal benehmen und an den Tisch setzen. Während des Essens war Bartl noch in einer mir unverständlichen Wut, und ich gab im Tritte unterm Tisch ans Schienbein. Das steigerte seine Wut, er sprang auf, warf den Tisch samt Geschirr und Essen um und ging auf mich los.

Bartl war der viel Stärkere, aber ich der Schnellere. Ich wich seinem ersten Ansturm aus, und er fuhr mit der Faust durch die Glastür. Das verstärkte noch mal seinen Zorn, und ich flüchtete hinter ein Klavier, das quer zu einer Zimmerecke stand. Das war für Bartl kein Problem. Er schmiss das Klavier um und wollte mir an die Gurgel fahren. Durch Abducken kam ich ihm wieder aus. Er hetzte mir nach, dabei fielen noch einige Möbelstücke um. Der Lehrer stand verdutzt in einer Ecke. Nachdem ich Bartl einen Schlag ans Kinn versetzt hatte, kam er wieder zu sich. Über die Verwüstung im Zimmer waren wir selbst entsetzt, entschuldigten uns bei dem Lehrer, der nur sagte: „Ich bin froh, dass ihr kein Messer genommen habt." Fluchtartig verließen wir das Haus. Schon nach einigen Kilometern fielen wir uns um den Hals. Alles war vergessen. Diese Aggression war wohl die Reaktion auf unsere lange „Zweisamkeit" in den Bergen, die sich bei dem armen Lehrer entladen hatte.

In den dreißiger Jahren fand ein Staffellauf im Winter vom Rotwandhaus zum Spitzing und dann weiter bis Tegernsee statt. Ich hatte die erste Strecke. Vor dem Start bekam ich ein menschliches Rühren vor lauter Aufregung. Ich setzte mich auf das Plumpsklo. Plötzlich gab es einen fürchterlichen Knall, hervorgerufen durch Gase, die sich unter der vereisten und verhärteten Kruste gebildet hatten. Ich flog gleich einen halben Meter hoch und war voller Unflat. Von draußen kam ein höhnisch-höllisches Gelächter, denn da wollte gerade einer herein, als die Explosion stattfand. Ich opferte meine Unterhose und reinigte mich so gut es ging. Die Kameraden, die auf ihren Start warteten, schauten mich naserümpfend und komisch an.

Vom Rotwandhaus ging es zu einem Sattel bergauf und dann erst hinunter zum Spitzingsee. Mit meinem Bauch voll Wut habe ich zwei Läufer, die je eine Minute vor mir gestartet waren, überholt. Bei der Abfahrt haute es mich natürlich einige Male fürchterlich in den Schnee, was damals so üblich war. Beim Stafettenwechsel wurde ich wieder komisch naserümpfend angesehen, und ich flüchtete mich so schnell wie möglich in unsere Skihütte vom Alpinen Club „Hochempor". Dort entledigte ich mich meiner stinkenden Hose, die ich in eine Ecke im Stall schleuderte. Ein Kamerad gab mir eine Reservehose, und ich hatte nach Beendigung des Laufs die Lachsalven meiner Freunde über mich ergehen zu lassen. Als meine Wut einigermaßen verflogen war, konnte ich dann auch mitlachen.

Heckmair bildet Bergführer aus, wie hier im Zillertal.

Seelenverwandtschaft

Gustl Kröner stammte aus Traunstein und hatte nicht nur eine ausgesprochene Frohnatur, sondern war auch ein künstlerisch begabter Maler. In ihm gewann ich einen meiner besten Freunde.

Wie lernten uns 1930 im Wilden Kaiser kennen und verstanden uns auf Anhieb. Ihm war ein Jahr zuvor eine der schwierigsten Eistouren gelungen, und ich hatte die schweren Wände im Wilden Kaiser und in den Dolomiten gemacht.

Wir beschlossen, zusammen zu gehen, um eine der großen, noch unbestiegenen Nordwände des Matterhorns, der Grandes Jorasses oder des Eigers zu versuchen. Es wurde aber nichts daraus. Unsere Versuche an den Grandes Jorasses scheiterten, denn 1931 gab es einen außergewöhnlichen Schlechtwettersommer.

Verdächtig

Im darauf folgenden Jahr vereinbarten wir, angeregt durch die Alpenvereinssektion Bayerland in München, der wir beide angehörten, eine Vier-Mann-Expedition in den Hohen Atlas zu unternehmen. Das Geld, das wir dafür von Bayerland erhielten, war nicht gerade üppig bemessen, und so beschlossen wir, ganz einfach die Reise mit dem Fahrrad anzutreten. Natürlich waren das keine leichten Rennräder mit vielen Gängen, sondern einfache Stahlrösser, auf denen wir hinten und vorne einen Gepäckträger montierten, um unsere Rucksäcke zu transportieren.

So radelten wir durch die Schweiz, durch Frankreich hinein nach Spanien. Spanien aber war größer, als wir dachten. Zudem mussten wir über Madrid wegen eines Visums für Marokko fahren, das wir ohne Schwierigkeiten erhielten.

In Schwierigkeiten sind wir erst geraten, als wir uns in einem Park vor dem pompösen Postgebäude auf einer Bank zur Nachtruhe begeben wollten. Es war gerade so ein kleines Revolutiönchen im Gang, und irgendwelche Flüchtenden sausten an uns vorbei. Hintendrein kam die Polizei. Da sie die Flüchtigen nicht erreichen konnten, nahmen sie uns fest. Unsere Eispickel schienen ihnen sehr verdächtige Mordinstrumente zu sein. Auf der Wache wurden wir erst einmal in eine Zelle gesperrt, wo zu unserer großen Genugtuung ganz passable Liegestätten waren. Kaum aber hatten wir es uns gemütlich gemacht, als wir auch schon wieder herausgeholt und zum Verhör geführt wurden. Ein Dolmetscher übersetzte, doch vom Alpinismus hatten sie nur eine ganz vernebelte Vorstellung. Immerhin wurden sie etwas freundlicher.

Als ein Alpinist aufgetrieben wurde, der Deutsch sprach, wurde der Ton sogar herzlich. Sie spendierten uns Kaffee und Zigaretten, und wir mussten genau erklären, wozu der Eispickel dient, wie Seil und Haken angewendet werden. Unsere schweren Trikuni-Bergschuhe, d. h. mit einem besonderen Eisenbeschlag versehen, fanden vor allem Aufmerksamkeit, hatten sie doch so etwas noch nie gesehen. Man wollte uns wieder laufen lassen. Da wir aber kein Quartier hatten und das Übernachten im Freien zu gefährlich erschien, durften wir im Kittchen bleiben. Am nächsten Tag wurden wir mit einer Eskorte zur

Anderl Heckmair studiert die Landkarte; auf der Marokkofahrt, Südfrankreich 1932

Bahn gebracht. Das war für uns ein ganz unerwartet großer Vorteil, denn auf dem Bahnhof herrschte ein riesiges Gedränge und Getümmel. Die Züge waren total überfüllt. Ohne unseren „Begleitschutz" hätten wir nie einen Platz gefunden!

Arabische Nächte

Von Marrakesch aus sahen wir unser Ziel, den Hohen Atlas, noch nicht, dafür aber umso mehr von der Oasenstadt, die sich in ein Europäer- und ein Araberviertel teilt. Dazwischen war ein wundervoller Palmenhain, in dem wir uns häuslich niederließen. Wieder ergaben sich unerwartete Schwierigkeiten. Marrakesch war vor noch gar nicht so langer Zeit, wie man sagte, „friedlich" unterworfen worden. Unser Zielgebiet im Hohen Atlas lag jenseits der Demarkationslinie. Um die Erlaubnis zu erhalten, diese Linie zu überschreiten, sollten wir eine Kaution hinterlegen, wofür wir das Geld nicht besaßen. Dafür hatten wir Empfehlungsschreiben vom Deutschen Alpenverein und vom Schweizer Alpenclub. Das musste erst nachgeprüft werden. Telegramme gingen hin und her. Das dauerte mehrere Tage, die wir, soweit es Gustl und mich betraf, nicht ungenützt vergehen lassen wollten.

Unsere Erkundungen im Araberviertel „Medina" wurden immer ausgedehnter, und bald hatten wir heraus, dass das eigentliche Leben erst nach Sonnenuntergang begann. Der Marktplatz belebte sich. Märchenerzähler und Schlangenbeschwörer fanden ihren Hörer- und Zuschauerkreis. Dazwischen gab es Stände, die allerlei Leckerbissen anboten. Wir naschten auch davon, und neben uns standen zwei tief verschleierte Araberinnen, die uns mit ihren Augen anblitzten. Die Blitze schlugen ein, wir packten sie unterm Arm und bedeuteten, dass wir zu ihnen gehen möchten.

Damit die Sache auch den nötigen Schwung bekam, erstanden wir noch eine Flasche Wein, und erwartungsvoll ließen wir uns führen. Das Viertel wurde düsterer und dunkler, bis endlich

Seelenverwandtschaft

eine der Frauen an ein Tor klopfte, das geöffnet wurde. Ein romantischer, mit mehreren Petroleumfunzeln erhellter Innenhof tat sich auf. Auf Matten, kreuz und quer, schliefen oder dösten Araber und nahmen von uns keinerlei Notiz. Im Hintergrund führte, völlig unromantisch, eine eiserne Treppe zu einer Zellenreihe im oberen Stock empor. In eine dieser Zellen führten uns unsere Schönen; wir ließen uns auf den arabischen Lederpolstern erwartungsvoll nieder.

Viel reden konnten wir nicht, dafür umso mehr greifen. Um die Stimmung zu heben, prosteten wir uns erst einmal zu und reichten die Flasche, großzügig wie wir waren, auch unseren Eroberungen. Bei der Gelegenheit wollte Gustl genau wissen, was wir uns da eingehandelt hatten, und riss der einen den Schleier vom Gesicht.

Daraufhin sahen wir eine platte Nase, aufgeworfene, mit Schorf bedeckte Lippen, und die Jüngste konnte sie auch nicht mehr sein. Entsetzt sprangen wir auf, die beiden fingen zu schreien an wie aufgespießt. Wir packten unsere Flasche Wein,

Ferne Gebirge entdecken: Heckmair im Hohen Atlas, Marokkofahrt 1932

stürmten zur eisernen Treppe und sausten sie mit unseren Nagelschuhen hinab, dass die Funken sprühten. Ich tappte einem Schlafenden auch noch auf den Bauch. Im Nu war ein Aufruhr in der ganzen Behausung, dass sich kein Mensch mehr auskannte. Wie durch ein Wunder ging das Tor auf, und wir kullerten auf die Straße. Ich lag noch im Dreck und rief: „Gustl, hast dir was getan?" – „Nix feit, bin scho da!" In diesem Augenblick patrouillierten Soldaten der Fremdenlegion durch die Straßen, und einer rief ganz erstaunt: „Ihr seid ja Deutsche? Da habt ihr aber Glück gehabt!" Beim Anblick der Legionäre wichen die Araber zurück, das Tor donnerte zu, und wir erhoben uns. Wir hatten wirklich Glück gehabt, so aus dem gefährlichen Viertel hinauszukommen.

Unsere neu gewonnenen Freunde, die Legionäre, wollten uns Marrakesch zeigen und führten uns geradewegs in ein Bordell. Da saßen die „Damen", unverschleiert in nachthemdartigem Gewand, und machten uns schöne Augen. Einer nach dem anderen verschwand mit einer Auserwählten, auch der Gustl packte eine „z'am". Nur ich saß herzklopfend da und dachte genau das, was Karl Valentin so klassisch formulierte: „Woll'n hätt i schon, aber dürfen hab i mir nicht getraut." Mit dem mitleidi-

Kletterrast im Hohen Atlas, Marokkofahrt 1932

gen Blick der Legionäre, „da kann man halt auch nichts machen", verließen wir das „freie" Haus. Sie führten uns auf verschlungenen Gassen zu einem Viertel, in dem Frauen und Kinder der Araber eingeschlossen werden, die aus der Wüste kommen und nach Casablanca weiterziehen, um ihre Geschäfte zu tätigen. Das Viertel wurde schwer bewacht. Die Legionäre durften es nicht betreten. Uns aber als Touristen, nachdem wir uns ausgewiesen hatten, wurde der Zugang nicht verwehrt. Drei Tage und drei Nächte blieben wir in diesem Viertel. Geld hatte keine Bedeutung, aber meine Unschuld war dahin.

Extrem

Im Alpenverein München hielt 1931 der bekannte Bergsteiger Walter Stösser einen Vortrag über seine Durchsteigung der Drusenfluh-Südwand. Diese Besteigungen waren bisher sehr dramatisch verlaufen, denn der zweite, der vierte, der sechste und der achte Versuch endeten tödlich. Stösser, der als neunte Partie eingestiegen war, warnte vor dem zehnten Versuch. Dies wollten Gustl Kröner und ich genau wissen. Als wir auf der Fahrt – natürlich mit dem Fahrrad – in die Westalpen unterwegs waren, kamen wir am Tal von Bludenz vorbei. Spontan fiel uns ein: Da könnten wir ja die berüchtigte zehnte Partie, die auch vom Unglück verfolgt sein soll, machen. In der Wand fanden wir tatsächlich noch Tote, die im Seil hingen. Nach unserer glücklichen Durchsteigung meldeten wir dies bei der Polizei. Wir haben uns angeboten, die Verunglückten aus der Wand zu bergen. Niemand von den amtlichen Stellen hatte daran Interesse! Daraufhin setzten wir unsere Fahrt in die Westalpen fort.

Die Abenteuer mit Gustl rissen niemals ab. Als wir 1931 wegen Unwetters wiederum gezwungen waren, uns von der Besteigung des Requin, eines Turmes der Aiguilles von Chamonix, zurückzuziehen, kam uns die Idee, dorthin zu fahren, wo es Haifische gibt, denn Requin heißt ja Haifisch. Wir fackelten nicht lange, schwangen uns auf die Räder und radelten gen Süden. An einer Straßenkreuzung stand auf einer Tafel: 250 km nach Nizza. Also bogen wir links ab nach Nizza und radelten dann die Riviera entlang bis Marseille. Auf der Rückfahrt nach Chamonix waren vor uns gerade die Teilnehmer der Tour de France unterwegs. Wir radelten mit unseren Stahlrössern hinterher und wurden in den verschiedenen Dörfern zu unserer Überraschung von den Zuschauern, die am Straßenrand standen, begeistert empfangen. Von den Rennradlern hatte ja keiner Zeit abzusteigen, aber schließlich waren wir ja auch Radfahrer und genossen diese Ehrungen.

Leo Rittler,
im Wilden Kaiser,
1929

Seelenverwandtschaft

Wieder auf unserer schon zur Heimat gewordenen Leschaux-Hütte, beschlossen wir, die Grepon-Ostwand zu ersteigen. Unter der Wand war eine Randspalte nicht zu überschreiten. So sind wir am südlichen Ende des Gletschers über eine sehr schwierige Wand emporgeklettert, bis wir in das leichtere Gelände kamen. Wie schon so oft, bedrohte uns ein Wettersturz, und wir suchten einen Schutz unter Felsen. Wir glaubten eine Fata Morgana zu erblicken, als wir plötzlich bei Hagelschlag mitten in der Wand eine Hütte fanden, von der uns nichts bekannt war. Schnell schlüpften wir hinein und waren überrascht von der Größe und Einrichtung dieser Biwakhütte. Im Hüttenbuch stellten wir fest, dass wir die dritten Besucher waren. Am nächsten Tag mussten wir die Tour wieder abbrechen und uns zurückziehen. Da erst erfuhren wir, dass ein Amerikaner diese Hütte unter beträchtlichen Kosten hatte erstellen lassen.

Diesen Amerikaner lernte ich noch persönlich kennen, denn mein Clubkamerad Leo Rittler war bereits Bergführeranwärter und hatte den Auftrag, mit dem Amerikaner die Scharnitzspitze-Südwand zu machen.

Einige Tage vorher hat Leo mit einem Freund im Wilden Kaiser eine sehr schwere Tour gemacht, dabei stürzte der vorausgehende Freund tödlich ab. Nun forderte mich Leo auf mitzugehen, denn das Unglück hatte ihn nervlich doch belastet. Dies war meine erste Führungstour. Als Leo selbst wenige Wochen später an den Grandes Jorasses im Montblancgebiet tödlich abstürzte, kam mir die naive Idee, an seiner Stelle die Bergführerprüfung abzulegen, denn ich hatte ja den gleichen Werdegang, nur keine Anwärterzeit. Dazu nahm ich Verbindung mit dem bekannten Bergsteiger Dr. Willo Welzenbach, Stadtrat in München, auf. Er bat sich Bedenkzeit wegen meines seltsamen Ansinnens aus, sagte mir aber, er würde sich überlegen, was er da machen kann. Dr. Welzenbach war eine sehr einflussreiche Persönlichkeit, und durch seine Fürsprache erreichte er, dass ich ohne die damals noch dreijährige obligatorische „Trägerzeit" zur Prüfung zugelassen wurde.

Wir hatten uns – wie üblich – kaum einmal eine richtige Mahlzeit leisten können. So kamen wir nach Luzern mit einem mordsmäßigen Kohldampf. Gustl hatte eine wunderbare Idee. Wir fuhren zum Bahnhof, suchten uns einen Hotelhausmeister aus, der das vornehmste Hotelschild auf seiner Mütze trug. Gustl fragte ihn scheinheilig, wie der Chefkoch in seinem Hotel heiße, dem wir Grüße ausrichten sollten, dessen Namen wir aber vergessen hätten. Natürlich nannte er uns bereitwilligst den Namen. Sofort radelten wir zu besagtem Hotel und gingen leicht in die Knie, denn es war wirklich das vornehmste Haus am Platz. Ich wäre am liebsten umgekehrt, nicht so Gustl. Durch den Portier ließen wir uns beim Chefkoch anmelden, und ein Hotelboy führte uns in die Küche, wo uns der Chefkoch erwartungsvoll entgegenblickte. Wir entschuldigten uns sofort und sagten: „Wir haben gar keine Grüße auszurichten, sondern nur einen riesigen Hunger." Erst wurde er rot vor Zorn, aber dann lachte er aus vollem Hals und drohte uns: „Wenn ihr jetzt das nicht esst, was ich euch vorsetze, lasse ich euch hochgehen!" Das Betteln war in der Schweiz streng verboten. In der Furcht, er würde uns der Polizei ausliefern, haben wir alles zum Staunen der anwesenden Köche aufgegessen, bis wir kaum noch schnaufen konnten. Zur Verdauung legten wir uns dann auf eine Bank in den Anlagen, und es dauerte Stunden, bis wir wieder fähig waren, unsere Fahrt fortsetzen.

Um die Zeit zu nützen, in der wir noch nicht in die Grandes Jorasses-Nordwand einsteigen konnten, kamen wir auf den Gedanken, die Aiguille Dru-Überschreitung zu machen. Beim Morgengrauen standen wir am Einstieg. Vor uns waren bereits zwei Franzosen, die genau nach der Beschreibung ihres Kletterführers gingen. Für uns hatte eine solche Beschreibung keinen Wert, da wir nicht Französisch konnten. Wir gingen einfach der Nase nach, überholten die französischen Bergsteiger, haben uns aber häufig „verhaut", mussten abseilen und waren erneut unterhalb der Franzosen, die wir wieder schnellstens einholten.

Dieses Spielchen wiederholte sich des Öfteren, bis wir den Gipfel der kleinen Dru erreichten. Dann war die Route der Überschreitung eindeutig. Der Abstieg mit mehrmaligem Abseilen führte uns zu einem kleinen Eisfeld, das durch eine gewaltige Randkluft vom Gletscher getrennt war. Es blieb nichts anderes übrig, als circa acht bis zehn Meter zum Gletscher hinunterzuspringen. Gustl zögerte, und ich fürchtete, wenn ich als Erster springe und mir dabei ein Bein breche, wird er nicht mehr nachspringen, sondern um Hilfe schreien, was ich nie getan hätte.

Gustl Kröner klettert an der Leschauxhütte, 1931

Hans Brehm und Leo Rittler stürzen aus der Nordwand der Grandes Jorasses tödlich ab. Sie werden von Heckmair und Kröner gefunden und später mit Helfern geborgen, 1931.

Daher gab ich dem Gustl einfach einen Stoß, so dass er hinunterfiel. Ich sprang dann in sauberer turnerischer Haltung nach, keilte mich aber derart in den Schnee ein, dass Gustl mich mit dem Pickel befreien musste. So etwas nennt man wohl „ausgleichende" Gerechtigkeit!

Auf der Hütte war eine Gruppe französischer Touristen beim Mittagessen. Inzwischen hatten auch die zwei Franzosen, die wir überholt hatten, die Randkluft erreicht. Sie waren anscheinend ratlos, wie sie sie überwinden sollten. Sie querten hin und her. Da kam uns eine prima Idee: Wir lotsten die französische Gruppe aus der Hütte, um ihr das Manöver ihrer Landsleute zu zeigen. Während ich der Gruppe die Situation der beiden, mit Händen und Füßen sprechend, erklärte, ist Gustl in die Hütte und hat von den bereits aufgetragenen Schüsseln etwas wegstibitzt. Dann kam er heraus, erklärte weiter, und ich verschwand in der Hütte, um dasselbe zu tun. Das wiederholte sich so lange, bis die beiden Franzosen die Randkluft überwunden hatten. Wir hatten nämlich einen Riesenhunger, denn aus Geldmangel hatten wir ja selten etwas zu essen dabei. Da reichlich aufgetischt war, ist unser „Mundraub" weder aufgefallen, noch haben die anderen Hunger leiden müssen. Schließlich sind wir mit einem freundlichen „merci beaucoup" abgezogen.

Immer locker bleiben

Zeitweise wohnte ich in den Jahren 1929 und 1933 bei meinem Bruder in Bayrischzell, dem ich aber auf die Dauer meine leibliche Versorgung nicht zumuten konnte. „Halt einen Vortrag über deine Erlebnisse!", schlug er vor. Also stopselte ich die Vorträge „Schwere Fels- und Eisfahrten" und „Marokko-Fahrt" zusammen. Zu meinem Erstaunen waren alle begeistert; so auch ein Millionär, der in Bayrischzell wohnte. Er meinte: „Ich hab die ganze Welt gesehen, aber um Ihre Erlebnisse beneide ich Sie." Das sagte mir ein Millionär!

Ein Kurgast lud mich ein, in Hamburg in seiner Alpenvereinssektion zu sprechen. So fuhr ich in den für mich tiefsten Norden, wo ich bereits am Bahnhof mit einem eleganten Wagen von einem Chauffeur abgeholt wurde. In einer vornehmen Villa an der Alster war ich zu Gast und wurde besonders von der Tochter und dem Sohn des Hauses betreut. Darüber habe ich meinen Vortrag fast vergessen.

Anderl Heckmair bei einem Vortrag der DAV-Sektion Ulm, 1973

Ich weiß auch nicht mehr, wie es kam, dass ich mich ganz allein, mit einem Anzug „von der Stange" bekleidet, gerade noch termingerecht zu dem Vortragshaus durchfragte. Es war ein mächtiger Bau. Vor dem Portal stand ein uniformierter Portier, der mich zuerst gar nicht hineinlassen wollte, bis einer von der Sektion kam und mich holte. Als ich den Saal sah, erschrak ich nicht wenig. Er fasste 2000 Personen, war gerammelt voll und strahlte von gepflegter Atmosphäre. Und da sollte ich sprechen! An einem Tisch mit einem Glas Wein wurde ich beruhigt. Die Bilder gab ich ab, das Manuskript legte ich auf das Vortragspult und harrte der Dinge, die da kommen sollten. Endlich war es so weit.

Nach der Einführung des Vorredners betrat ich das mit Mikrofonen ausgestattete Pult, schlug das Manuskript auf – und erstarrte. Die abgegebenen Bilder waren von Afrika und das Manuskript von meinem Vortrag über „Schwere Eis- und Felsfahrten". Es verschlug mir die Sprache. Im Saal herrschte aufmerksame Stille. Kein Mauseloch tat sich auf, in dem ich hätte verschwinden können. Irgendetwas musste ich unternehmen. Da packte mich die Wut, ich schlug mit der Faust auf das verdammte Manuskript, dass es, durch die Mikrofone verstärkt, wie ein Donnerschlag erklang, und sagte ganz einfach: „Es tut mir furchtbar leid, jetzt habe ich die Bilder von dem einen und das Manuskript vom anderen Vortrag. Jetzt muss ich reden, wie mir der Schnabel gewachsen ist. Da Sie meinen Dialekt sowieso nur zur Hälfte verstehen, sehen Sie sich aber doch wenigstens die Bilder an." Dröhnendes Gelächter im ganzen Saal, das mich aber auch nicht mehr erschüttern konnte. So habe ich den ersten freien Vortrag meines Lebens ohne Zettel und Manuskript gehalten, einen durchschlagenden Erfolg gehabt und nie mehr ein Manuskript verwendet.

In den sechziger Jahren war ich vom Alpenverein beauftragt, die Bergführerkurse durchzuführen. Als Referent für erste Hilfe war Wiggerl Gramminger der geeignetste Mann, denn er war hauptamtlich bei der Bergwacht tätig und hatte schon Hunderte von Bergrettungen durchgeführt.

Bei schönstem Wetter nach einer Tour hielt Wiggerl sein Referat vor der Hütte. Vorher begossen wir die gelungene Tour mit Schnaps. Wiggerl ging auf meine Wette ein, dass mir fünf doppelte Enzian nix ausmachen. Ich kippte einen nach dem anderen hinunter – und fiel um. Als ich wieder erwachte, war ich mit Bandagen von Kopf bis Fuß dick eingebunden. „Was ist jetzt wieder los?", dachte ich mir. „Mir tut ja gar nichts weh!" Um mich herum standen alle Kursteilnehmer und hörten sich mit ernster Miene die Erläuterungen von Wiggerl an. Er hatte mich in meinem betäubten Zustand als Übungsmodell benützt und sämtliche Verbände angelegt. Es dauerte eine Weile, bis ich das begriff, denn die Zuschauer zeigten allesamt einen zu ernsten Gesichtsausdruck. Eigentlich überflüssig zu sagen, dass ich die Wette verloren hatte!

Ludwig „Wiggerl" Gramminger doziert beim Bergführerkurs über Bergrettung, Zillertal, 1949.

Bergvagabunden – der Drang nach Freiheit

Mutter Maria, die Hüttenwirtin der Gaudeamus-Hütte im Wilden Kaiser, war wirklich wie eine Mutter zu uns. Sie verzieh uns auch gelegentliche dumme Streiche. Doch einmal rutschte ihr tatsächlich die Hand aus, und sie watschte den Lucke Hansei ab. Das kam so: Einer von uns saß unter der Haustüre und badete seine Füße in einer Schüssel. Ein anderer klatschte ins Wasser und spritzte ihn an, worauf dieser zurückspritzte und den Lucke Hansei traf. Der nahm gleich die ganze Schüssel weg und wollte den Übeltäter mit dem Inhalt zur Strafe übergießen, welcher aber die Flucht ergriff. Im gleichen Moment erschien dahinter

Heckmair und Hans Lucke im Wilden Kaiser, dreißiger Jahre

im Türrahmen Mutter Maria. Hansei war so in Schwung, dass er nicht mehr abbremsen konnte und Mutter Maria mit voller Ladung übergoss. Daraufhin empfing Hansei eine Ohrfeige, worauf er beleidigt abzog. Nach drei Tagen kam er zurück, entschuldigte sich und wurde wieder bestens aufgenommen.

In der Hütte ereignete sich noch so manches. Mutter Maria hatte einen riesigen Bernhardiner, der zu uns – im Gegensatz zu anderen Gästen – sehr zutraulich war. Eines Nachts scheuchten wir den Hund in das Lager der Mädchen und Frauen. Er stürmte nur über die Schlafenden hinweg und fasste das selbst als Gaudi auf. Nicht so die Frauen, die zu unserer Freude immer lauter kreischten.

Bevor ich 1938 die Eiger-Nordwand durchstieg, trainierte ich in den Wänden des Wilden Kaisers. Bald sah ich ein, dass übermäßiges Training auch keinen Zweck hat. So legte ich mich einmal ahnungslos auf einen großen Latschenhaufen unter einen Baum und schlief ein, bis Kletterfreunde vorbeikamen und mich weckten. Sie sagten: „Unter den Latschenzweigen liegen

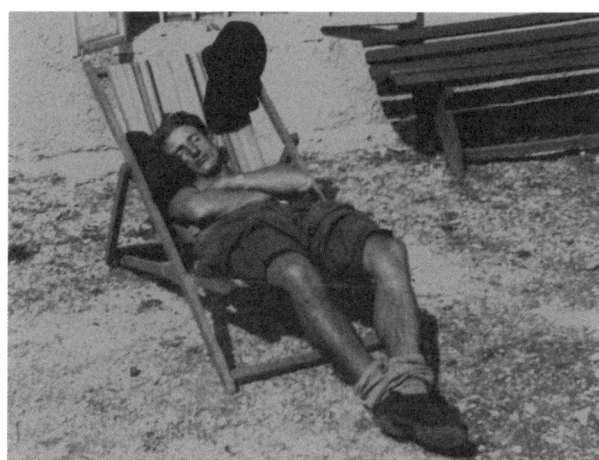

Nach vollbrachter Führung, dreißiger Jahre

zwei Tote, Abgestürzte, die sollen von der Bergwacht heute noch ins Tal transportiert werden." Pietätlos war ich dann auch wieder nicht, um einfach weiterzuschlafen. Vielmehr vertrollte ich mich auf das Ellmauer Tor, wo ich eine nicht ganz leichte Alleintour machte und mein seelisches Gleichgewicht wiederherstellte.

Im Jahr 1933 wurde von der neuen Regierung die „Tausend-Mark-Sperre" für Österreich eingeführt, d. h. man musste zur Grenzüberschreitung 1000 Mark bezahlen. Es war aber für uns kein Problem, die Grenze illegal zu überschreiten. Wir fühlten uns auf der Gaudeamus-Hütte bei Mutter Maria bestens aufgehoben. Aber unsere Kasse war sehr schmal. Ich wollte auf keinen Fall, wie manch anderer, durch Hüttendienste den Aufenthalt abgelten. Geholfen habe ich trotzdem, wo es ging. Häufig eröffnete sich jedoch eine unerwartete Einnahmequelle: Der Wilde Kaiser wurde damals auch schon von Bergsteigern besucht, die diesen lotrechten Wänden noch nicht gewachsen waren. Die Folgen waren, dass oft welche abstürzten.

Unsere Kletterrouten waren an Wochenenden überlaufen, und abgetretene Steine gefährdeten die nachfolgenden Seilschaften. Deshalb erklärten wir die Sonntage zu Ruhetagen und blieben in Hüttennähe. Dort wurden dann auch die Unfälle in den Wänden gemeldet. Ein Absturz bedeutete hier fast ausnahmslos den Tod. Natürlich halfen wir die Leichen zu bergen, die man in Totensäcken von der Steinernen Rinne hinunter zur Griesner Alm trug – etwa eine Stunde – und sie dann der Bergwacht übergab. Für unsere Hilfe erhielten wir 20 Schilling. Die reichten auf der Gaudeamus-Hütte bei Mutter Maria für eine Woche Aufenthalt aus. In der nächsten Woche wiederholte sich das „Trauerspiel". Bald wurden wir als die „Sacklträger" verhöhnt. Das war sehr ungerecht, denn wir haben auch oft in Not geratene Bergsteiger aus ihrer verzweifelten Lage herausgeholt und nur selten Dank dafür erhalten.

Anderl Heckmair (ganz links) mit Freunden, zum Aufbruch bereit

1933, als die Grenzen nach Österreich gesperrt waren, bekam ich einmal eine Sondergenehmigung zur Teilnahme an einem Bergführerkurs mit Prüfung in Innsbruck. Nach bestandener Prüfung hatte ich noch einen Tag Zeit, den ich zu einer leichten Tour über den Kopftörlgrat benützte. Auf der Gaudeamus-Hütte fand ich einen Tiroler Gefährten. Allerdings schneite es am Morgen. Trotzdem begannen wir, weil ich nur diesen einen Tag hatte, die Tour. Bis zum steilen Grataufschwung gab es keine Schwierigkeiten. Dann aber entwickelte sich der leichte Schneefall zu einem Schneesturm. An ein Umkehren dachte ich nicht, obwohl der andere vernünftigerweise dazu riet. Das bisschen Vereisung machte mir nicht allzu viel zu schaffen. Aber unter der so genannten Kapuze, in leichtem Gelände, erwischte uns der Sturm in voller Stärke.

Die Flanke war total vereist und mit unseren Kletterpatschen (so nannten wir damals die sehr leichten, mit einer Art Filz besohlten Kletterschuhe) äußerst riskant zu begehen. Trotzdem erreichten wir die Scharte unter dem letzten Kamin, der zum Gipfel führt. Der Sturm hatte nun derart zugenommen, dass mein Kamerad die Nerven verlor und durchdrehte.

Ich dachte an ein Drama am Dachstein, wo ebenfalls Bergsteiger bei ähnlichen Verhältnissen die Nerven verloren hatten und einer nach dem anderen, bis auf einen, einfach den tödlichen Sprung in die Tiefe taten, um einem qualvollen Ende zu entgehen. Auch mein Begleiter stammelte etwas von Hinabspringen. Ich wusste, er meint es ernst, schlug deshalb einen Haken und band ihn daran, was einer Fesselung gleichkam. Nun durchstieg ich den Kamin, brachte oben nochmals einen Haken an, seilte mich wieder ab und band den Gefährten los. Wenn er jetzt springt, reißt er mich zum oben geschlagenen Haken wieder hoch, was mir bei dem vereisten Kamin gar nicht so unangenehm gewesen wäre. Der Kerl sprang aber nicht, und ich hantelte am Seil wieder hinauf zum Haken.

Der Sturm war so stark, dass Schnee und Steine von unten heraufwirbelten. Da macht das Klettern nicht mehr gar so viel Freude. Ich konnte gut verstehen, dass einer mit schwachen Nerven dann durchdreht. Am Gipfel auf der Ellmauer Halt stand eine Hütte, in die ich hineinwollte. Der Sturm aber verhinderte das Öffnen der Türe. Seltsamerweise hatte sich der Kamerad von seinem Nervenzusammenbruch wieder erholt. Mir grauste es nur vor dem Abstieg, den ich nicht genau kannte. Aber er meinte, das schafften wir, und so sind wir Schritt für Schritt, gegen den Sturm ankämpfend, in dem jetzt leichten Gelände abwärts kletternd zur Rote-Rinn-Scharte, wo wir auf den Weg zur Hütte kamen. Von der Gaudeamus-Hütte waren bereits Freunde aufgebrochen, um nachzusehen, was mit uns bei diesem Sturm los war. Erst als wir zusammentrafen, legte sich bei uns die Spannung.

Diese Erfahrung des Kampfes im Sturm über den Kopftörlgrat hat mir in anderen schwierigen Situationen, bei denen ich in einen Wettersturz kam, sehr geholfen, meine Sicherheit nicht zu verlieren und mich auf mein Durchhaltevermögen zu verlassen.

Anderl Heckmair in der Fleischbank-Ostwand

Szenenwechsel

Mit zwei Pariserinnen, die ein Bergführer auf die Gaudeamus-Hütte brachte, schlossen wir bald Freundschaft, nachdem der Bergführer wegen des schlechten Wetters wieder ins Tal ging und uns die Damen „überließ". Erst waren wir gar nicht so sehr erfreut darüber. Doch für ihre Weinspenden, die uns bei dem anhaltend schlechten Wetter die langweiligen Stunden in der Hütte angenehm verbringen ließen, bedankten wir uns, indem wir sie am ersten Sonnentag auf eine Tour nahmen. Davon waren sie so begeistert, dass sie bei ihrer Rückkehr in Paris den Ehemann der einen, der Filmproduzent war, veranlassten, im kommenden Jahr, 1934, mit seiner Filmgesellschaft nach Ellmau zu kommen. Tatsächlich rückte die ganze Filmgesellschaft mit Produzent, Regisseur, Drehbuchautor, Kameramann, Filmschauspielern

Anderl Heckmair (links) und Hans Lucke bei Filmaufnahmen im Wilden Kaiser, dreißiger Jahre

und einer Filmschauspielerin an. Die beiden Damen waren auch dabei. „Ihr werdet schon eine Geschichte wissen", sagte der Produzent zu uns, denn sie hatten noch keine Idee.

Und wirklich hatte mein Freund Eugen Minarek eine interessante und wahre Geschichte: Ein Mann stürzte am Berg ab, und seine ihn begleitende Freundin wurde unverletzt zur Hütte gebracht. Beim Trösten ihres Kummers verliebte sich Eugen in das nette Mädchen. Ihr zu Ehren errichtete er ein Kreuz auf dem Berg, auf dem der Mann zu Tode gekommen war. Sie fuhr nach Hause und versprach wiederzukommen. Eugen stand mit einem Blumenstrauß erwartungsvoll am Bahnhof, aber das nette Mädchen hatte einen neuen Freund dabei, sprang schnell aus dem Zug, gab Eugen einen Kuss und verschwand wieder im Waggon. Den Strauß Blumen hatte sie gar nicht beachtet, und Eugen stand wie bedeppert mit dem Strauß in der Hand da und konnte dem enteilenden Zug nur nachschauen.

Nach dieser Geschichte wurde dann der Film „La Croix de Cime" gedreht. Wir waren mit Eifer dabei, teils als Träger, teils als Statisten, und halfen mit, wo wir nur konnten. Eine Szene wurde in einem offenen Stadel gedreht, wo die Filmschauspielerin weinen sollte. Sie hat nur vorsichtig eine Locke über ihre Stirn gestrichen und brachte keine Träne heraus, worauf der Regisseur schon nach Zwiebeln rief. Mir war das Getue zu dumm, und ich verwüstete ihren ondulierten Haarschopf. Danach fing sie wirklich hysterisch an zu heulen. Der Kameramann drehte begeistert. Die Filmdiva würdigte mich von da an keines Blickes mehr.

Bei den Filmleuten machten wir uns wegen unserer Geschicklichkeit beim Klettern sehr beliebt. Wir führten sogar den Produzenten und seine Frau über den Heroldweg auf das Totenkirchl. Daraufhin nahmen sie uns mit nach Paris. Eugen konnte sich der Stadtluft gar nicht anpassen, aber mir gefiel es da sehr gut, und ich marschierte täglich zwei Stunden zu einer Berlitz-Schule, um die Sprache zu lernen. Das Gelernte war aber bald wieder vergessen. Das Büro der Filmgesellschaft existierte in einer Seiten-

Heckmair als „Filmstar" in Paris, 1935

straße der Champs-Elysées. Nach erfolgreichen ersten Filmen dieses Produzenten zog aber bald der Pleitegeier auf. Im Büro wurde der elektrische Strom abgeschnitten und das Telefon gesperrt. Trotzdem blieben alle Teilnehmer getreulich beisammen.

Ich hatte eine Stelle als Skilehrer in St. Moritz anzutreten, jedoch kein Geld für die Fahrkarte dorthin. Im allerletzten Moment trieb ein zur Filmgesellschaft gehörender Jude das Geld auf. Das war im Jahr 1936, als die Judenhetze in Deutschland schon begonnen hatte. Ausgerechnet mir als Deutschem hatte er geholfen!

Im Frühjahr 1938 drehte diese Filmgesellschaft einen Film in Prag. Mich hatte man auch wieder dazu eingeladen, nur so, um mit dem Fotoapparat so genannte Standbilder (im Gegensatz zu beweglichen Filmaufnahmen) zu knipsen. Mir war aber gar nicht danach, denn ich wollte mich vorbereiten auf meine Unternehmung „Eiger-Nordwand". Gus aber, der Produzent, wollte mich unbedingt davon abhalten und bot mir pro Monat für die Zeit der Dreharbeiten 3000 Mark – für mich damals eine an sich ungeheure Summe! Was nützt mir aber so viel Geld, wenn ich am Eiger doch Pech haben sollte? Und von der Eiger-Nordwand-Besteigung wollte ich mich durch nichts abhalten lassen.

„Dann bringe wenigstens meine neunzigjährige Schwiegermutter zurück nach Paris!" Sie finanzierte zum größten Teil seine Filme. Wir nannten sie nur „Buddha", weil sie immer so schweigsam friedlich dasaß. Man stellte mir einen Buickwagen zur Verfügung, und ich brauste mit Buddha los. Weil ich bei einem Freund meinen Pullover deponiert hatte, fuhr ich über die Schweiz. Als ich gelegentlich tanken musste und sie um Geld bat, sagte sie nur: „Nimm halt ein paar Billettes!" Ich hätte auch mehr nehmen können, aber das ließ mein Gewissen nicht zu.

In Paris erst sagte sie mir, sie hätte ein Häuschen in Barbison, wusste aber selbst nicht recht, wo das liegt. Ich musste auf der Karte lange suchen und stellte fest, dass Barbison 60 km entfernt in der Nähe von Fontainebleau war. Zum Häuschen gehörte auch ein etwas größerer Garten, in dem ich mich sofort gärtnerisch betätigte. Nach acht Tagen wurde mir die Zeit zu lang und ich fieberte auf die Rückfahrt. „Nimm halt den Wagen und bring ihn zu meiner Tochter in die Schweiz nach St. Moritz!" Das ließ ich mir nicht zweimal sagen.

Bei der Fahrt am Walensee entlang passierte mir ein Unheil: Der Wagen war voller Koffer und Blumenstöcke. Ganz obendrauf, zwischen den Blumen, befand sich eine Schachtel mit zwei lebenden Schildkröten. Im Rückspiegel sah ich, dass die Schachtel stark nach vorne geneigt war. „Das muss den Schildkröten sehr unangenehm sein", dachte ich mir, denn sie konnten sich in der Schachtel kaum bewegen. So griff ich während der Fahrt nach hinten, um die Schachtel gerade zu stellen, und knallte an einen Betonpfeiler.

Im starken Regen sah ich eine vernickelte Radkappe davonsausen. Ich stieg aus, holte die Kappe und glaubte, es sei weiter nichts passiert. Aber als ich zum Wagen kam, bemerkte ich, dass die Motorhaube eine ganz andere Richtung hatte als der Wagen selbst. Ich musste eine Reparaturwerkstätte verständigen, die mit einem Abschleppwagen kam. Zerknirscht übernachtete ich im Dorf, verständigte meine Freunde in St. Moritz und glaubte, all meine schönen Pläne für die Eiger-Nordwand seien nunmehr begraben. Als ich mein Missgeschick nach St. Moritz meldete, wurde ich sofort getröstet, damit ich es nicht so tragisch nehme. Ich wurde abgeholt. Das große Problem war aber die Bezahlung von 2000 Franken für die Reparatur. Die einzige Rettung war ein Anruf bei Buddha, die aber normalerweise mit dem Herausrücken ihres Geldes sehr zugeknöpft war. Mein Anruf jedoch genügte, und telegrafisch war das Geld am nächsten Tag da. Nun konnte ich wieder erhobenen Hauptes in den Wilden Kaiser zu meinem Vortraining fahren.

Im Film „La Croix de Cime" spielt Heckmair den Bergführer, dreißiger Jahre.

Steile Wände

Am Eiger

Die Eiger-Nordwand war die letzte und größte noch unbestiegene Nordwand der Alpen. Ich hatte nie den Ehrgeiz, Erstbegehungen zu machen. Nachdem jedoch so viele Unfälle in dieser Wand geschehen waren, bekam sie den Ruf einer unersteigbaren „Mordwand". Aber Mutter Maria von der Gaudeamus-Hütte forderte uns auf, diese Wand zu machen, weil sie von unserer Fähigkeit dazu überzeugt war. Das war der erste Anstoß, der mir den Anreiz gab, diese Wand zu versuchen. Im Jahr 1937 war ich am Fuß des Eigers und sah mir die eventuellen Möglichkeiten

„Von der Eiger-Nordwand-Besteigung wollte ich mich durch nichts abhalten lassen."

Anderl Heckmair und Ludwig „Wiggerl" Vörg am Eiger, 1938

eines Durchkommens genau an. Schon im Frühjahr hatte ich mit Hias Rebitsch im Wilden Kaiser für diese Wand trainiert.

Im selben Jahr erhielt Hias die Aufforderung zur Teilnahme an einer Expedition zum Nanga Parbat. Da erst empfahl er mir als Begleiter seinen Kameraden Wiggerl Vörg. Vörg war mir bereits ein Begriff, denn bei einem Langlauf um die Bayerische Meisterschaft in Bayrischzell, der schon einige Jahre zurücklag, startete er zehn Minuten vor mir. Im Ziel hatte ich ihn eingeholt, aber auf der Zeittabelle erschien er vor mir. Entrüstet rannte er ins Wettkampfbüro und wollte diesen Irrtum richtig stellen. Darauf hat man ihn hochkant hinausgewiesen, denn Organisatoren irren „bekanntermaßen" nie. Das also war der Wiggerl, den mir der Hias verkuppelt hatte. „Einen besseren Seilzweiten wirst du nie finden." Damit hatte Hias Recht.

Steile Wände 79

Vor uns war eine Partie eingestiegen, die wir am Zweiten Eisfeld einholten. Es handelte sich um die Österreicher Heinrich Harrer und Fritz Kasparek. Ihre Einstellung zur Wand und ihre Ausrüstung erschienen mir nicht die richtige zu sein. Ich wollte sie zur Umkehr bewegen. Wiggerl in seiner Gutmütigkeit schlug vor, gemeinsam zu gehen. Ich wollte auch keinen Streit anfangen und war widerwillig einverstanden. Während der Durchsteigung wurde dann unsere Seilschaft zur Kameradschaft und danach zur lebenslangen Freundschaft.

In der Wand, durch die ständig Steinschlag niederging, wurde Kasparek an der Hand verletzt. Ein Arzt sagte mir mal, um fest-

Heinrich Harrer (vorne) und Fritz Kasparek im Biwak bei der Erstbesteigung der Eiger-Nordwand, 1938

zustellen, ob ein Knochen gebrochen ist, muss man nur darauf klopfen oder drücken. Also drückte ich ihm kräftig die Hand. Er schrie zwar laut, wurde aber weder ohnmächtig noch blass. Der Handrücken, von dem die Haut abgeschlagen war, sah aus wie ein blutiges Fleischpflanzerl.

Dieselbe Methode der Diagnose wandte ich bei Wiggerl an: In den Ausstiegsrissen rutschte ich aus. Wiggerl wollte mich mit erhobenen Händen abfangen. Dabei traf ich ihn und stieß mit einem Zacken der Steigeisen durch seinen Handballen. Wieder fürchtete ich, es könnte ein Knochen gebrochen sein. Dem war aber nicht so, denn beim kräftigen Händedruck ist er weder blass noch ohnmächtig geworden. Beim Verbinden kam mir im Medizinbeutel ein Fläschchen Herztropfen in die Finger, die mir eine besorgte Ärztin aus Grindelwald „für alle Fälle" mitgegeben hatte. Wir sollten sie aber nur anwenden, wenn es ganz ernst ist. Ich dachte mir: „Jetzt ist dieser Augenblick da!" Auf dem Fläschchen stand etwas von zehn Tropfen. Aber zum Abzählen der Tropfen nahm ich mir keine Zeit. Ich schüttete gleich die Hälfte davon dem Wiggerl in den Mund, die andere Hälfte trank ich selbst – weil ich auch Durst hatte.

Als wir nach dem Abstieg durch die Westflanke des Eigers auf der Kleinen Scheidegg eintrafen, wurden wir zu unserer Überraschung von einer riesigen Menschenmenge empfangen, hauptsächlich Journalisten. Freunde, die uns ebenfalls erwarteten, erkämpften uns den Durchgang zum Hotel. Erst einmal war uns wichtig, ein Bad zu nehmen. Wiggerl stand bereits in der Wanne und machte Augen wie ein verendetes Kalb. Ich wollte ebenso reinsteigen, zuckte aber sogleich zurück, denn die etwas angefrorenen Füße verursachten im heißen Wasser stechende Schmerzen. Also setzten wir uns beide in die Wanne und ließen die Beine nach außen baumeln. Ein Journalist wollte natürlich auch davon eine Aufnahme machen. Ich spritzte ihn voll Wasser, so dass er schleunigst den Rückzug antrat.

Am Walkerpfeiler

1951, bei der Durchsteigung des Walkerpfeilers an den Grandes Jorasses mit Hermann Köllensperger, gerieten wir in ein ungewöhnlich heftiges Unwetter. Am fünften Tag schrieben die Zeitungen: „Nun liegen sie hoch oben in Eis und Schnee begraben." Bei dieser Meldung stürzten die übereifrigen Journalisten zu meiner Mutter in München und wollten Aufnahmen von mir. Meine Mutter jedoch beschwichtigte die aufgeregten Herren und sagte: „Jetzt ist er mir zum fünften Mal tot gemeldet worden, und jedes Mal ist er wiedergekommen. Das wird auch diesmal so sein."

Am fünften Tag erreichten wir den Gipfel und beim Abstieg die auf der italienischen Seite gelegene kleine Jorasses-Hütte. Der Hüttenwirt hatte bereits nach uns Ausschau gehalten und konnte gar nicht glauben, dass wir unversehrt durchgekommen sind. So ganz unversehrt waren wir allerdings nicht. Besonders

„Am fünften Tag erreichten wir den Gipfel"; Grandes Jorasses, 1951

Hermann hatte Erfrierungen an Händen und Füßen. Mir fehlte weiter nichts. Das kam daher, dass ich bei den Biwaks immer einen Schluck Cognac zu mir nahm. Hermann war ein absoluter Abstinenzler, und sooft ich ihm die Flasche unter die Nase hielt, hat er angewidert abgelehnt zu trinken. Am Gipfel war die Flasche leer. Als ich Hermanns Erfrierungen sah, kam mir die Erkenntnis, dass Alkohol, mäßig getrunken, auch in größeren Mengen nicht schadet, denn ich hatte ja keinerlei Erfrierungen.

Heckmair und Köllensperger nach der Durchsteigung des Walkerpfeilers, 1951

Steile Wände

Die Große Zinne

Einmal war ich als Bergführer mit einer Lehrerin auf einer Dolomitenwanderung unterwegs. Dabei kamen wir an der Nordseite der Großen Zinne vorbei. Ich bekam lüsterne Augen, denn ich wusste, dass diese schwere Wand erst einige Jahre vorher von Italienern bezwungen worden war und bisher nur wenige weitere Begehungen hatte. Der Lehrerin konnte ich es aber nicht gut zutrauen, mit mir in diese Wand einzusteigen. So habe ich mich in der Hütte um einen brauchbaren Gefährten umgesehen. Ein schlanker Kerl ist mir aufgefallen, weil er dreimal hintereinander zu Abend gegessen hat. Ich sagte mir, wenn einer so „frisst", muss er auch gut beisammen sein. Tatsächlich war er bereit, mit mir die Große Zinne-Nordwand zu versuchen. Die Lehrerin war froh um einen Rasttag.

Als der neu gewonnene Gefährte und ich bei ungemütlichem Nebelnieseln am Einstieg standen, waren ihm Mut und Lust vergangen. Ich bat ihn, wenigstens ein paar Seillängen mit mir emporzusteigen, selbst wenn wir uns dann wieder abseilten. Bei jedem Standplatz, als er noch einige Meter darunter war und nichts weiter passieren konnte, warf ich das Seil hin, um sofort wieder loszuklettern. Auf diese Weise haben wir uns in der Wand nicht gesehen. Deshalb konnte auch von einem Umkehren keine Rede sein. Am Gipfel angelangt, hatte er glasige Augen und die Sprache hatte es ihm ebenfalls restlos verschlagen. Mit Mühe brachte ich ihn in dem nun leichteren Gelände wieder zurück zur Hütte. Dort glaubte man, wir wären vernünftigerweise in der Wand umgekehrt. Der erschöpfte Zustand meines Gefährten aber überzeugte, dass wir – erstmals ohne Biwak – in dieser kurzen Zeit durchgekommen waren.

Am nächsten Tag setzte ich die gemütliche Wanderung mit der Lehrerin wieder fort.

Anderl Heckmair in der Nordwand der Großen Zinne, 1935

Ein Nebengleis

Während des Zweiten Weltkriegs, nach Beendigung der Kampfhandlungen in Frankreich, wurde meine Kompanie, der ich als einfacher Landser angehörte, in einem Schloss einquartiert. Wir schliefen aber nicht in Daunendecken, sondern auf Holzgestellen, die von unseren Pionieren errichtet wurden. In etwa hundert Metern Entfernung befand sich ein Tor in der Parkmauer, das zu bewachen war.

Als ich von einem Urlaub zu meiner Einheit zurückkehrte, musste ich von der Endstation der Bahn noch zehn Kilometer bis zum Schloss marschieren. Es herrschte ein gewaltiger Sturm,

Heckmair wird 1940 zur Wehrmacht eingezogen.

und ich kam an einer Baracke vorbei, in der eine Abteilung Soldaten einquartiert war. Natürlich konnte ich dort auch schlafen. Bei diesem Sturm ächzte die Baracke in allen Fugen, dass es mir unheimlich wurde. Obwohl es noch mitten in der Nacht war, setzte ich doch lieber meinen Marsch auf der Sturmseite der Straße fort. Die Straße war mit Alleebäumen bepflanzt, und ich fürchtete, auf der windgeschützten Seite von niederprasselnden Ästen getroffen zu werden. So robbte ich im Straßengraben entlang, denn aufrecht gehen konnte ich bei dem Sturm nicht. Tatsächlich wurden Bäume direkt vor meiner Nase entwurzelt.

Ich war froh, endlich in der geschützten Unterkunft des Schlosses angekommen zu sein. Im Schlafsaal standen immer drei Pritschen übereinander. Meine Schlafstelle, die ich mit einem Kameraden teilen musste, war in der untersten. Ich kroch hinein, der Kamerad, den ich dabei berührte, schlug wild um sich, weil sich hier häufig Ratten umhertummelten. Das war ein relativ gelindes „Schicksal", denn am nächsten Morgen erfuhren wir, dass der Sturm die Baracke, in der ich eigentlich schlafen wollte, weggerissen hatte und es viele Tote gab.

Im Schlosspark vor dem bewachten Tor stand ein Zelt für die Wachablösung. Eines Nachts hatte ich Wache. Als es mir dabei langweilig wurde, leuchtete ich mit der Taschenlampe ins Zelt, ob nicht einer meiner Kameraden drinnen ist. Es war leer, aber ich sah da eine Riesenratte liegen. Erschrocken fuhr ich zurück, schämte mich aber sogleich wegen meiner Ängstlichkeit. Daraufhin holte ich einen Stock, um die Ratte zu erschlagen. Vorsichtig schlich ich erneut ins Zelt und ließ den Stock heftig auf die Ratte niedersausen. Die sprang hoch, und ich wich zurück. Als sich weiter nichts rührte, spähte ich wieder angriffsbereit ins Zelt. Die vermeintliche Ratte war aber nur ein Weißbrotwecken, dessen Unterseite nun oben lag und weiß schimmerte. Jetzt war meine Scham wegen meiner Ängstlichkeit noch viel größer. Diese Begebenheit erzählte ich aber meinen Kameraden nicht, sonst hätten sie mich gehörig ausgelacht.

Einmal musste ich zum Kommandeur. Im Vorzimmer aber warteten schon ein Feldwebel und ein Unteroffizier, die eine Meldung über den Munitionsbestand abgeben sollten. Sie stritten sich, ob man Munition mit „t" oder mit „z" schreibt. Der Feldwebel setzte sich mit „t" durch. Der Kommandeur bemängelte aber Fehler im Schriftstück und befahl Richtigstellung. Darauf sagte der Unteroffizier: „Ich hab doch gleich gesagt, dass man Munition mit „z" schreibt!" Sie korrigierten es, und als sie das Schreiben erneut abgaben, lachte der Kommandeur laut. Die beiden blickten sich ratlos an, denn außer ihrem vermeintlichen Fehler in der „Munition" waren ihnen gar keine anderen Fehler aufgefallen.

Endlich wieder in den Bergen unterwegs; Heckmair bei der Ausbildung von Soldaten, 1943

Gletscher – „No risk, no fun"

Nach meinem letzten Fronteinsatz bei der Infanterie in Russland versetzte man mich 1942 als alpinen Ausbilder an die Heereshochgebirgsschule in Fulpmes. Mit 50 Mann sind wir im Stubai auf einen Gletscher aufgestiegen. Persönlich war ich als Spezialführer für einen Oberst eingeteilt. Wir befanden uns nicht in der Schlange der Teilnehmer, sondern sind daneben emporgestiegen. Plötzlich ein Ruf: „Einer ist in eine Spalte gestürzt!" Zwei Mann hatten die Schneebrücke über einer Spalte überschritten, beim dritten brach sie durch, und er hing am Seil in der Spalte. Alles stand wie erstarrt, und ich bin mit dem Oberst sofort nach vorne geeilt.

Dort war einer unserer Ausbilder, der bekannte Bergsteiger Hias Rebitsch, neben einem „Spieß". Hias herrschte diesen an: „Papier und Bleistift!" Ein Spieß hat immer Schreibutensilien bei sich. Er gab Hias wortlos das Verlangte, und Hias in seiner hintergründig humorvollen Art ließ beides in die Spalte flattern. Der Oberst war entsetzt und fragte mich: „Was macht der Mann da?" Ich antwortete ihm: „Der da unten ist ein Schriftsteller und Dichter", was auch der Wahrheit entsprochen hat. – „Ihr seid aber harte Männer!", kam die Antwort des Obersts.

Von Fulpmes aus unternahmen wir mit den Kursteilnehmern fünf wöchentliche Kurse in den Gletschergebieten. Einmal waren wir auf der Hofmannshütte am Großglockner, um diesen zu besteigen. Dazu musste man bei Dämmerung aufbrechen. Da der Gletscher im unteren Teil sehr eben und spaltenlos war, brauchte man sich nicht anzuseilen. Doch plötzlich verschwand einer vor den Augen der anderen in der Tiefe. Es können sich nämlich schon auf sanft geneigten Gletschern durch die dauernde Kraft von abfließendem Schmelzwasser und mitgeführten Steinen richtige Löcher oder runde Schächte von beachtlicher Tiefe bilden, die man Gletschermühlen nennt. In eine solche

Anderl Heckmair seilt sich im Eishang ab, Fulpmes.

vom Schnee zugewehte Gletschermühle ist der Verschwundene gestürzt. Er rief zu uns herauf: „Nichts passiert, ich stehe auf einer Schneebrücke!" Wir warfen ihm ein Seil zu, hievten ihn hoch – aber heraus kam ein Zivilist! Wir waren alle baff! Genau 24 Stunden vorher war dieser Einzelgänger über den Gletscher gewandert und auch dort eingebrochen. Als wir danach den Kameraden heraufholten, löste sich dieses Rätsel. Er war eben ein Kavalier, so dass er zuerst den vorher Verunglückten anseilte und ihm den Vortritt beim Heraufholen ließ.

Beim Aufstieg zur Wildspitze in den Ötztaler Alpen, wieder mit Teilnehmern aus Fulpmes, geschah es, dass auch einer unserer Ausbilder in eine Spalte einbrach, die aber nur einen halben Meter breit war. Er riss seine Arme auseinander und konnte sich dadurch halten. Eine Dame, die vom Gipfel herunterkam, blieb vor ihm stehen und fragte: „Was machen Sie da?" Er fauchte sie an:

„Schnell weg, weg, Sie stehen auf der Spalte!" Leicht hätte es geschehen können, dass sie auch noch durchbricht, dann wäre beider Schicksal besiegelt gewesen, denn es handelte sich um eine A-förmige Spalte, die, deshalb so genannt, sich nach unten verbreitert.

Spaltenstürze sind für einen Gletschergeher gar nicht so selten. So bin ich mit Gustl Kröner nach Überschreitung des Mont Malet über den steilen, spaltenreichen Leschaux-Gletscher, natürlich angeseilt, abgestiegen. Des Öfteren ist der eine oder der andere von uns eingebrochen. Das hat uns gar nicht erschüttert.

Während dieses Abstiegs waren wir in eine interessante Unterhaltung verwickelt. Plötzlich stürzte Gustl in eine größere Spalte. Mich, als Nachgehenden, schlug es sofort hin. Gustl hing unten –, und er erzählte mir die begonnene Geschichte in aller Ruhe zu Ende, bevor ich ihn wieder herausholte.

Heckmair als Ausbilder während des Zweiten Weltkrieges an der Heereshochgebirgsschule in Fulpmes

Gletscher – „No risk, no fun"

Ich war in Courmayeur und wollte einen Bergfreund, Martl Maier, in der Leschaux-Hütte unter den Grandes Jorasses treffen. Mir grauste es schon, allein über das spaltenreiche Mer de Glace absteigen zu müssen. In Courmayeur hausten zwei Dänen in einem Zelt, und ich fragte sie, wo sie hinwollten. Sie antworteten: „Nach Chamonix, und zwar über den Kleinen St. Bernhard." Ich meinte: „Da habt ihr aber Glück; ich bin Bergführer und nehme euch mit über den Col Helbronner. Da kommt ihr statt in drei in einem Tag nach Chamonix." Sie waren davon begeistert. Für den Aufstieg zur Turiner Hütte brauchten wir nur sechs Stunden. Von dort aus geht der Marsch weiter über das spaltenreiche Mer de Glace. Natürlich hatte ich die beiden angeseilt. Nach 500 Metern brach der eine schon in eine Spalte ein. Nachdem wir ihn herausgezogen hatten, waren die beiden Dänen sehr erbleicht, und ich erklärte ihnen, dass das eine ganz normale Sache ist, die jetzt noch öfter geschehen wird. Ich dirigierte sie beim Weitergehen auf dem Gletscher; abwechselnd stürzten sie immer mal wieder in eine Spalte, und sie gewöhnten sich daran.

Bergführerausbildung im Zillertal, 1949

Über den Gletscher herauf kam eine untereinander angeseilte Gruppe, mit Abstand folgte ein Alleingänger. Es war mein Freund Martl Maier. Wir freuten uns, dass wir uns so mitten am Gletscher getroffen hatten, und unterhielten uns angeregt. Voraus gingen am Seil meine zwei Dänen, und wir passten nicht so recht auf, wohin sie gingen. Plötzlich kamen wir in großes Spaltengewirr, so dass wir genötigt waren, uns des Öfteren in eine Spalte abzuseilen, um auf der anderen Seite wieder hinaufzuklettern, denn die Spalten waren oft zehn Meter breit. Für Martl und mich war das nichts Neues, aber die armen Dänen, die nur mit kurzen Höschen und nicht ganz alpingerechten Schuhen bekleidet waren, kamen zuletzt auf der Requin-Hütte vollkommen erschöpft und zerschunden, aber schließlich doch zufrieden und glücklich über die gewonnene Zeit an. Wir entschuldigten uns, weil wir sie in ein solches Abenteuer hineingelotst hatten. Dann sind Martl und ich zu der noch fünf Stunden entfernten Leschaux-Hütte weitergeeilt.

Beim Aufstieg, Bergführerausbildung 1949

Im Himalaja aus der Spur geraten

Im Jahr 1954 erfüllte sich mein langgehegter Wunschtraum, einmal an einer Expedition im Himalaja teilzunehmen. Dies vermittelte mir mein Innsbrucker Freund Hias Rebitsch. Er war der Expeditionsleiter und übertrug mir die bergsteigerische Leitung. Hias war ein sehr selbstbewusster und eigenwilliger Mann; er kam nicht ohne weiteres mit jedem aus. Wir waren 16 Teilnehmer von recht unterschiedlichem Charakter. Es war vorauszusehen, dass es bei einer halbjährigen Dauer des Unternehmens auch mal zu Spannungen kommen würde. Deshalb vereinbarten Hias und ich gleich zu Beginn der Reise, unter keinen Umständen zu streiten.

Die erste Probe bestanden wir in Karachi bei schwülwarmem Wetter in einem Hotelzimmer. In dem Raum befand sich zur Kühlung ein „Miefquirler" (Ventilator), der jämmerlich quietschte. Ich stand auf, stellte ihn ab. Hias wurde es zu warm, er drehte ihn wieder an, worauf ich ihn wieder abstellte. Dieses Gerangel führten wir die ganze Nacht hindurch. Aber – am nächsten Morgen verloren wir keine Silbe über unseren gegenseitigen „Machtkampf".

Unser Ziel war der Rakaposhi, von dem wir nur ein Foto hatten, das aus 150 km Entfernung aufgenommen worden war. In Gilgit, einem kleinen Ort am Südfuß des Berges, befand sich unser vorläufiges Standquartier. Unsere, d. h. Martin Schliesslers und meine 14-tägige Erkundung ergab keine sichere Aufstiegsmöglichkeit, denn überall donnerten Eislawinen herunter und machten eine Routenführung unmöglich. Daraufhin kehrten wir wieder zurück nach Gilgit. Hias hatte in diesen 14 Tagen das Haus, in dem wir unser Quartier aufgeschlagen hatten, noch nicht einmal verlassen!

Von unseren wissenschaftlichen Teilnehmern, die in das Hunzatal vorgerückt waren, erhielten wir die Nachricht: „Wenn der Rakaposhi nicht sicher zu machen ist, kommt zu uns. Da gibt es genauso hohe und schöne Berge!" Das ließen wir uns nicht zweimal sagen. Mit einer Kolonne von 200 Trägern rückten wir aus zum Baltoro-Gletscher. Hier bot sich uns ein herrlicher, anscheinend leicht zugänglicher Berg an. Bei der Erkundung fand ich einen Anstieg durch die Gletscherbrüche zu einer Scharte, wo wir für den Gipfelsturm ein Zelt aufstellen konnten.

Jeder Mensch macht mal eine Dummheit; der Dumme immer die gleiche und der Intelligente immer eine andere. Meine Dummheit war, dass ich mich im Aufstieg beim Vorausspuren nicht hatte ablösen lassen und dann im Schneesturm auf der Scharte, immerhin ca. 6000 Meter hoch, die anderen sicherte, während sie ein Zelt aufstellten. Eigentlich hätte ich meine durchgeschwitzte Wäsche sofort wechseln sollen. Aber wer tut das schon im Schneesturm? Als ich mich im Zelt verkroch, hatte ich mir eine saubere Lungenentzündung eingehandelt. Am nächsten Tag konnte ich keinen Finger mehr rühren. Die Freunde – vor allem Hias – bestanden darauf, mich sofort abzutransportieren. Nach einigen Seillängen Abstieg fühlte ich mich plötzlich wieder wohl, wusste jedoch aus der Erfahrung anderer, dass dies eine Euphorie sein könnte. Trotzdem schickte ich alle

Heckmair, Martin Schliessler und Träger am Lagerfeuer

wieder zurück. Schließlich stieg ich mit nur einem kräftigen Träger weiter ab.

Am Baltoro-Gletscher, den wir noch zu überqueren hatten, war ich plötzlich mit meinen Kräften am Ende. Ich legte mich auf eine Felsplatte und – wirklich! – ich wollte sterben. Das wollte aber der Träger nicht. Er nahm mich einfach auf seine Schultern und begann, den Gletscher zu überqueren. Der Träger hatte eine solche Ausdünstung, dass ich das in meinem belämmerten Zustand einfach nicht aushielt und mich immer wieder von ihm abgleiten ließ. Ich verfluchte den Kerl, weil er mich stets davon abhielt, „in Wonne" (Euphorie) zu sterben. Er riss mich jedes Mal wieder hoch, und dieser physisch-psychische Kampf begann aufs Neue. Schließlich wurden die Freunde im Basislager auf unser seltsames Verhalten aufmerksam und eilten zu Hilfe.

Diesem treuen Träger habe ich tatsächlich mein Leben zu verdanken.

Auf dem Weg ins Lager I, Himalaja-Karakorum-Expedition 1954.

Auch das noch

Im Jahr nach Beendigung des Zweiten Weltkriegs gab es nur wenig zu essen. Ich hatte einen österreichischen Freund im Lechtal. Wir kamen auf die Idee, uns gegenseitig durch Schmuggeln zu helfen. Unser Treffpunkt war auf einer Passhöhe bei einem großen Block. Wir hatten immer die Zeit um zehn Uhr vormittags ausgemacht, da von beiden Seiten der Anstieg mehrere Stunden dauerte. Eines Tages übernachtete ich auf einer in der Nähe gelegenen Hütte und war schon um sieben Uhr morgens beim bewussten Block. Ich setzte mich trotz strömendem Regen an der Nordseite des Blocks hin und wartete die Stunden ab. Als es endlich zehn Uhr wurde, umkreiste ich den Block. Auf der Süd-

Heckmair auf Nordamerika-Expedition mit Otto-Ernst Flick, 1965

seite saß mein Freund. „Wie lange bist du denn schon hier?" – „Schon seit sieben Uhr morgens", sagte er. Er hatte in einer Schäferhütte mehr schlecht als recht die Nacht verbracht. Darum sei er so früh da gewesen. Wir wollten von eventuell patrouillierenden Zöllnern nicht gesehen werden und hatten uns deshalb so ruhig verhalten.

Die Zeiten wurden besser, und die Schmuggeleien hörten von selbst auf. Mir blieben Pakete Rasierklingen – immer fünf Stück zusammen und bereits leicht angerostet – übrig. Dazu noch ein Sack Aspirinpulver und eine große Schachtel mit einigen tausend Grammophonnadeln.

Jahre später habe ich von den USA nach Kanada fünf Flaschen Whisky in einem Beutel, den wir bei der Überfahrt auf dem Schiff erstanden hatten, mitgenommen. An der Grenze fragte mich der Zöllner: „Have you liquors?" Als Einziger, der nicht Englisch sprach, antwortete ich: „No, no liqueur, only Whisky." Meine Gefährten schauten stur geradeaus. Der Grenzer aber drehte sich um, fasste meine Antwort als Witz auf und lachte. Dabei hatte ich diesmal ja gar nicht schmuggeln wollen!

Von einer Hütte aus stiegen wir ein Lawinenfeld hoch und fanden eine verschüttete Gams. Wir zogen sie als „gefundenes Fressen" runter zur Hütte, wo wir sie ausweideten und uns freuten, nun auf längere Zeit mit Fleisch versorgt zu sein. Am Abend kochten wir ein Ragout mit viel Fleisch und Soße. Einen Jäger, der vorbeikam, luden wir zu diesem festlichen Mahl ein. Im Verlauf des Essens, das ihm sehr schmeckte, erzählten wir ihm, dass das von einer Gams stammt, die wir in den Lawinen gefunden hatten. Er legte sofort entsetzt Messer und Gabel nieder und erklärte uns, wenn ein Wild nicht sofort ausgenommen würde, sei das Fleisch giftig. Wir merkten nix davon und haben uns noch eine Woche lang von dem „vergifteten Fleisch" bestens ernährt.

Beerdigungen von abgestürzten Freunden waren gar nicht so selten. Bei diesen Anlässen traf man viele Bergsteigerfreunde. Während einer Grabrede des Pfarrers machte ich mit einem Kameraden, den ich schon länger nicht gesehen hatte, gleich eine Tour für den nächsten Sonntag aus. Darüber war ein älterer Herr, der hinter uns stand, sehr empört, und er hat uns nach der Beerdigung entsprechend zusammengestaucht. Das konnte uns aber nicht abhalten, am nächsten Wochenende die vereinbarte Tour durchzuführen.

In früheren Zeiten war es die Regel, dass ein Bergführer von seinem „Herrn" acht Kilogramm Gepäck trägt. Dies hat sich im Laufe der Zeit überholt. Doch nach dem Zweiten Weltkrieg kam ein Mann zu mir, um mich für eine Führungstour zu engagieren. Am nächsten Tag erwartete ich ihn für die vereinbarte Tour. Er kam pünktlich und hatte noch ein großes Paket dabei, das er mir mit der Bemerkung übergab, dies seien die „vorgeschriebenen" acht Kilogramm, die ich für ihn zu tragen hätte.

Ich erklärte ihm, dass es diese Vorschrift schon lange nicht mehr gibt. Ich hatte aber keine Lust, mich in eine neue Diskussion einzulassen, und schickte ihn deshalb zu einem anderen Bergführer, den ich nicht recht leiden konnte.

Otto-Ernst Flick, ein sehr wohlhabender Herr, wollte mich als Bergführer für eine Trekkingtour im Himalaja engagieren. Ich machte ihm klar, dass dafür eine längere Zeit eingeplant werden müsste. Außerdem kannte ich seine Leistungsfähigkeit überhaupt nicht; vielleicht sollte ich sein Gepäck auch noch übernehmen, wenn er „schwach" wird! Wir Bergführer sind doch keine Lakaien. So schlug ich vor, für dieses Jahr erst einmal einige Wochen in Lappland zu wandern. Seine Reaktion: „Skandinavien kenne ich nicht, aber Ihre Idee ist sehr gut."

Die Tour begannen wir in Kiruna. Sehr bald wich ich vom ausgetretenen „Königspfad", der nach Abisko führt, ab, um weglos in Seitentälern zu wandern. Bei Schneeregen in sehr sumpfigem Gelände kamen wir durch mannshohe Weidenbüsche. Ich ließ meinen Klienten (so wurde jemand genannt, der einen Bergführer engagiert hatte) vorausgehen, denn er war 1,93 m groß und ragte wie ein Leuchtturm aus dem Gebüsch. Mit dem Kompass dirigierte ich ihn: „Etwas weiter nach links, wieder nach rechts – wieder links!" Brav folgte er meinen Anweisungen. Triefnass erreichten wir nach 15 Stunden eine kleine Unterkunftshütte – in Lappland ist es ja in der Nacht ganz hell, und im Sumpf konnte man nur einen bis anderthalb Kilometer in der Stunde zurücklegen. An Rast war bei diesem Sauwetter nicht zu denken. In der Hütte überfiel dann meinen „Herrn" der Heißhunger.

Heckmair mit Otto-Ernst Flick am Flughafen von Nairobi, Afrika-Expedition 1960 (u. a. zum Ruwenzori).

Ich wusste, was das ist, denn ich hatte auch schon so einen Zustand gehabt, als ich einmal von Bozen nach Bayrischzell radelte und meinem Bruder Tiroler Speck und Brot mitbringen wollte. Drei Kilometer vor Bayrischzell überkam mich dieser Heißhunger, und ich aß meine Mitbringsel restlos auf. Mit vollem Bauch und leeren Händen kam ich an!

Ich konnte also unseren Proviant gar nicht so schnell auspacken, wie mein Klient ihn verschlang. Nach einigen Stunden der Ruhe waren auch unsere Schuhe halbwegs getrocknet, aber das Leder war steif und hart geworden. „Jetzt müssen wir die Stiefel mit Fett einreiben", sagte ich. Er ganz entsetzt: „Ich habe in meinem Leben noch nie Schuhe geputzt!" – „Dann wird's aber höchste Zeit, dass Sie das einmal tun!" Ich nahm eine Hand voll Fett und rieb eine Seite seines Schuhs damit ein, um ihm zu zeigen, wie man Schuhleder walkt, damit es wieder weich wird. Wie besessen arbeitete er nun mit dem Fett an seinen Stiefeln herum und war schließlich von dieser ungewohnten Tätigkeit restlos begeistert.

Übrigens, dieser Herr hat sich in Lappland so gut bewährt, dass ich in den folgenden Jahren mit ihm noch einige größere Touren in den Alpen und Expeditionen unternehmen konnte in Süd- und Nordamerika, in Kanada und Afrika – nur zu der Trekkingtour im Himalaja kam es leider nie.

Als alpiner Betreuer der Jugendherberge Oberstdorf hatte ich unter anderem die Aufgabe, den Gästen das Skifahren beizubringen. Waren mehrere Gruppen im Haus, konnte ich natürlich nur eine übernehmen, den anderen eventuell „Ratschläge" geben, wenn ich zufällig einmal vorbeikam.

So geschah es auch eines Tages. Ein älterer Lehrer stand auf der Straße und hatte seine Schüler am Hang unter sich skikursmäßig antreten lassen. Aus einem Bücherl las er der Gruppe vor, was sie zu tun hat. Ich sagte ihm: „So geht das aber nicht. Sie müssen es Ihren Schülern schon praktisch vorführen!" Seine

Mit Otto-Ernst Flick auf der Bernina, 1961

Antwort: „Ich kann nicht Ski fahren, aber theoretisch bin ich durch." Dann dirigierte er theoretisch weiter. Ski Heil!

Anlässlich des Neujahrsempfangs der Bayerischen Staatsregierung 1987 im Antiquarium der Residenz in München erhielt ich mit meiner Frau eine Einladung. Wir waren aber nicht die Einzigen, sondern noch 1200 geladene Gäste warteten auf Einlass zum Festsaal. Zufällig waren wir bei den Ersten, die der damalige Ministerpräsident Franz Josef Strauß mit Handschlag begrüßte. Ich sagte zu ihm: „Mir dat's grausen, jetzt tausendmal die Hand zu drücken!" Schlagfertig antwortete er: „I wasch mir's na scho."

Glücksgefühle in den Tannheimer Bergen

Was ist eigentlich Glück? Wodurch entstehen die Gefühle, die wir mit der Begrifflichkeit „glücklich sein" zusammenfassen? Ein unglaublich komplexes Thema, von vielen Faktoren abhängig und gewiss auch für jeden von uns individuell auszulegen. Dennoch versucht die Psychologie, Antworten zu geben. „Flow" heißt dort das Zauberwort, das den Zustand des Glücklichseins definieren soll. Gemeint ist damit, wenn jemand ganz in einer Sache aufgeht, jegliches Zeitgefühl verliert und voller Freude ungeahnte Kräfte hervorbringt.

Da scheint vieles dran zu sein. Mindestens, wenn man einen wie Anderl Heckmair hernimmt, um diese Thesen zu überprüfen. Er hat in seinem Leben alles erlebt, Entbehrungen, Erfolge, Niederlagen, Momente größter Gefahr und schier unvorstellbare Leistungen. Folgt man aber seinen Erzählungen, beobachtete man ihn, wenn er am Berg war, oder liest seine Tourenbücher und

Anderl Heckmair verbringt jede freie Minute in den Bergen; zwanziger Jahre.

Tagebuchaufzeichnungen, dann fällt einem ganz besonders auf: Anderl Heckmair spricht im Zusammenhang von Glück nie über die spektakulären Ereignisse in seinem Leben, die Erstbesteigung der Eiger-Nordwand etwa, nein, vielmehr sind es die kleinen Dinge, die eher unscheinbaren Momente, die ihn euphorisierten. Immer wenn er von der Natur inspiriert wurde, wenn plötzlich Ausblicke und Fernsichten auch seine eigene Wahrnehmung veränderten, wenn er ganz in einer durchaus leichten Kletterei aufging und selbstvergessen dem Gipfel zustrebte, wenn er unter großer Anstrengung die Möglichkeiten seines Körpers spürte und in hoher Eigenverantwortlichkeit zum Teil der Urkraft des Gebirges wurde, dann, ja dann spricht Anderl Heckmair vom Glück! Unzählige solcher Augenblicke lassen sich in seinem Leben finden. Nehmen wir ein Beispiel aus dem Jahr 1929.

Ein paar Tage Aufenthalt in den Tannheimer Bergen. Eine eher kleine Gebirgsgruppe der Allgäuer Alpen mit vergleichsweise niedrigen Gipfeln. Dazu schlechtes Wetter, Regen, Schnee und Kälte. Begleitet von einem Freund und einer Freundin, die aufgrund ihrer geringen alpinen Erfahrung keine schweren Touren zulassen. Und doch hält auch dieser auf den ersten Blick unter schlechten Vorzeichen stehende Bergurlaub für Heckmair jene „Moments of excellence" bereit. Zunächst beginnt alles so, dass gute Stimmung nicht aufkommen kann. Strömender Regen bei der Fahrt, natürlich mit dem Fahrrad, von München in Richtung Reutte in Tirol. Um halb sechs Uhr am Nachmittag erreichen die drei Musau.

Beim Aufstieg zur Otto-Mayr-Hütte klart es etwas auf, und Anderl kann die beeindruckenden Nordabstürze von Gimpel, Kellespitze und Gehrenspitze erahnen, obwohl ihr größerer Teil noch im Nebel steckt. „Wenn auch nicht in diesen Tagen, so könnten die Wände doch für die Zukunft eine lohnende Herausforderung sein", denkt er und bringt sich in gute Laune. Ganz im Gegensatz zu seiner Begleiterin Lia, die noch immer ein langes Gesicht zieht,

Anderl Heckmair ist ständig in den steilen Felsen zu finden; zwanziger Jahre.

auch weil sie ihre Schlüssel, darunter den Alpenvereinsschlüssel, verloren hat. Der nächste Morgen, es ist Sonntag, weckt die drei in der Otto-Mayr-Hütte mit einem heftigen Schneesturm. Knietief liegt die weiße Pracht im Reintal. Heckmair muss seinen Freund zurück nach Musau begleiten, weil dieser nur am Wochenende Zeit hat und eine Tour im Moment unmöglich ist. Also Schneewühlen im Abstieg und anstrengendes Spuren wieder aufwärts. Macht nichts, er hat Spaß an dem frühen Wintereinbruch, freut sich, dass er sogar die Schlüssel von Lia wiedergefunden hat, und überlegt beim Aufstieg zurück zur Hütte, wie zu verhindern ist, dass sie den „Bergkoller" bekommt, hatte sich Lia doch sonnendurchflutete, frühherbstliche Gipfelstunden an seiner Seite vorgestellt. Sie ist wirklich enttäuscht, noch nicht einmal die wiedergefundenen Schlüssel vermögen ihre Miene aufzuhellen. Anderl schlägt vor, auf die Südseite zur Tannheimer Hütte zu wechseln, wo mit Sicherheit weniger Schnee liegt und sobald die Sonne rauskommt, diesen jetzt, Ende September, zügig aus den Flanken und Schrofen lecken wird.

Glücksgefühle in den Tannheimer Bergen

Der nächste Morgen beginnt wie der vorherige. Schneegestöber. Anderl will trotzdem los, motiviert seine Begleiterin, die doch Bedenken hat angesichts der mittlerweile beinahe hüfthohen Schneelage. Der steile Aufstieg hinauf zur Nesselwängler Scharte wird für Lia zu einer winterlichen Tortur. Obwohl ihr bergerprobter Freund eine gangbare Spur anlegt, kommt sie bei dem beschwerlichen Hinaufwühlen an ihre Grenzen. Lia schimpft und stöhnt, quengelt und nörgelt. Mittags erreichen sie wohlbehalten die Tannheimer Hütte. Gleiches Bild. Winterlandschaft, Kälte und Sturm. Von Gipfeln und Wänden nichts zu sehen. Das kann ja heiter werden. Was tun? Zunächst mal ein kräftiges Essen in der urgemütlichen, gut eingeheizten Hütte, die viele Jahre später noch von Heckmairs Freund Franz Fischer, dem legendären Hüttenwirt aus dem Wetterstein, geführt werden sollte. Lia lässt sich von Wintertouren berichten, mit Ski und ohne, von

Franz Fischer (li.) und Anderl Heckmair (re.) bei einer Bergrettungsübung mit Alfons Lippl, 1953

den intensiven Eindrücken, die das Hochgebirge nur in der kalten Jahreszeit bereithält.

Überraschend schnell hat sich die Freundin erholt und kann überredet werden, noch ein Stück durch den Schnee zu bummeln. So stapfen die beiden in Nebel und leichtem Schneetreiben die Gimpelalm hinauf. Anderl Heckmair erzählt und erzählt, Lia merkt gar nicht, dass sie bereits in der Judenscharte stehen. Hier nimmt er sie ans kurze Seil, verspricht ihr, wenn sie tapfer noch die paar Felsstufen hinaufsteigen würde, eine kleine Überraschung. Ein wenig ängstlich folgt sie ihm, die Felsen sind vereist, sie muss sich konzentrieren, hat aber volles Vertrauen in die Fähigkeiten des extremen Bergsteigers. Plötzlich legt sich das Gelände zurück, über ihnen reißt die Wolkendecke auf, dunkelblaue Himmelsabschnitte, und dann eröffnet sich ein ergreifender Tiefblick. Rund tausend Meter unter ihnen breitet sich das Tannheimer Tal aus, verschneit, mit einem smaragdgrünen Auge! Es ist der Haldensee, der trotz des winterlichen Wetters natürlich noch nicht zugefroren ist. Senkrecht bricht unter ihnen die Rote Flüh-Südwand ab, deren schwerste Routen zu diesem Zeitpunkt alle noch nicht durchstiegen sind! Die Augen gleiten nochmals ins Tal, wo der kleine Ort Nesselwängle sich wie ein dunkler Stern auf weißem Grund abhebt, arbeiten sich dann hinauf zur gegenüberliegenden Krinnenspitze, deren Hänge die Lust auf eine Skitour aufkommen lassen, um sich dann in einem Gipfelmeer zu verlieren. Da sind die Lechtaler Berge, ganz scharf konturiert, halblinks Wetterstein und Mieminger, und die sagenhafte Fernsicht holt selbst die Silvrettagruppe zum Greifen nah heran.

Anderl und Lia genießen, steigen im letzten Licht zurück zur Hütte, feiern den Gipfelgang auf diesen kleinen Berg, der ihnen Großes bescherte. In der Nacht schneit es wieder – am Morgen reißt es auf, und das Wetter wird endgültig schön. Eine gleißende Schneelandschaft empfängt die beiden, als sie sich auf der Terrasse vor dem Hüttenseingang einfinden und die wärmende Sonne auf ihren Gesichtern spüren. Sie wollen hinunter nach

Nesselwängle, um sich neuen Proviant zu holen. Mit jedem Meter hinab bemerken sie, wie der Winter noch einmal mit aller Macht verdrängt wird, überall tropft und fließt das Schmelzwasser.

Als die beiden am Nachmittag zurück sind, haben sie Lust, noch auf den Gimpel zu steigen. Der Schnee ist fast vollständig aus der Südflanke verschwunden, sie bummeln, lassen sich Zeit und bewegen sich mit größter Vorsicht, wenn auf dem felsig-schrofigen Untergrund noch Feuchtigkeit liegt. Was für ein Kontrast zum gestrigen Tag. Da warteten diese Berge mit fast westalpinem Inferno auf, jetzt ist es windstill, und die Nachmittagssonne brennt. Der Rauch von Heckmairs Tabakstängel steigt senkrecht in die Höhe, welche Wonne, jetzt hier zu sein und nirgendwo anders. Sein Blick schweift über die Südwand hinweg zum Schäfer, verweilt einen Moment an der Kellespitze und deren Graten. Vor seinem inneren Auge sieht er sich von dort

In der Bergvagabundenzeit ist Anderl Heckmair einer der „Wildesten".

herüber zum Gimpel turnen, und er beschließt, diesen Wachtraum Realität werden zu lassen. Lia macht es nichts aus, will einen Tag ausruhen.

Frühmorgens eilt der Bergsteiger von der Hütte zum Sabachjoch, steigt durch den Südkamin auf den Kelleschrofen. Jetzt kommt er in Kletterlaune. Ganz allein ist er, der Fels ist warm, die Luft frisch. Den Grat hinunter und wieder hinauf zum Babylonischen Turm. Dann über den ausgesetzten Teufelsgrat zur Kellespitze. Alles kribbelt in ihm, alle Sinne sind geschärft. Er ist hellwach und steigt und klettert sich dennoch in eine Art Trancezustand. Tiefblicke ins Reintal, Fernblicke in die Ebene hinaus und zur anderen Seite zum Gipfelmeer der Alpen. Von der Kellespitze hinunter zur Tannheimer Hütte. Kurze Rast. Essen und Faulenzen in der Sonne, aber innerlich immer noch in den Felsen. Danach wieder los, hinauf zum Schäfer, in Stemmtechnik durch einen Kamin, eine schwierige Wandstelle, die für reichlich Adrenalin sorgt, und dann über den leichten Grat auf den Gimpel. Heckmair ist noch voller Spannung, klettert jetzt den berühmten Gimpel-Westgrat hinab. Hoch konzentriert ist er, kein Moment der Unsicherheit, er verbindet sich, verwächst mit den senkrechten Stellen des Grates und ist durchflutet von einem Glücksgefühl, als er die letzten Meter hinab in die Judenscharte springt. Auf dem Rückweg zur Hütte pendelt sich Anderl Heckmair in ein neues Gleichgewicht ein.

Er hat begriffen. Nicht das Abspulen von Gipfeln, das Sammeln von Höhenmetern, das „diesen oder jenen Berg muss man halt bestiegen haben" ist es, nein, es sind die Momente, die die Natur zelebriert, die ihn mit einem unbeschreiblichen Gefühl erfüllen. Es ist nicht die Schwierigkeit einer Tour per se, was zählt. Es sind die Eindrücke, die man hat, die Durchlässigkeit für Empfindungen, die man entwickelt, und der losgelöste Zustand von allem Leistungsdenken und Zwängen, in den man nur dadurch gerät, dass man offen ist und der Einmaligkeit jeder Minute am Berg eine Chance gibt.

Spielerpech und Lebensglück

Neben seiner großen Passion für die Berge, seiner Hingabe an Blumen und Gärten und seinem geliebten Stumpen natürlich, hat Anderl Heckmair zeitlebens eine Leidenschaft für das Kartenspiel gehabt. An langen Hüttenabenden, zur Überbrückung von Schlechtwettertagen oder mal eben zum abendlichen Besuch beim Nachbarn – Schafkopfen begeisterte ihn eigentlich immer. Wenn sich ein Spiel erst einmal spannend entwickelt hatte, konnte es leicht passieren, dass der gute Anderl bisweilen alles um sich herum vergaß – manchmal sogar sich selbst:

Bei der Skiausbildung während des Krieges in Fulpmes, Heereshochgebirgsschule

110 Spielerpech und Lebensglück

Anderl Heckmair in Fulpmes, 1945

Versetzen wir uns in das Kriegsjahr 1943 in eine hoch gelegene Berghütte. Das Feuer im Ofen ist eingeschürt, auf dem Herd dampft eine Suppe in einem riesigen Kessel, und die Luft ist zum Schneiden vor Schwaden und Tabakrauch. Laut geht es zu, Gelächter und das Klatschen von Händen auf Holz ist bis weit nach draußen zu hören. Um einen derben, schweren Tisch sitzen Soldaten und spielen Karten. Einen riesigen Spaß haben sie, und mittendrin sitzt Anderl Heckmair, der in seiner Funktion als Ausbilder für Heeresbergführer der Hochgebirgsschule Fulpmes hier mit seiner Gruppe den Abend kurzweilig gestaltet. Immer wieder hält er sich vor Lachen den Bauch, krümmt sich mitunter über den Tisch, so dass er die Stirn kurz auf die Tischplatte aufstützt. Vor Lachen? Nein, nein, Heckmair schwitzt ja, er hat ja Schmerzen!

Schnell ist der Militärarzt zur Stelle, misst Fieber, liest erschreckende 41 °C ab, diagnostiziert eine akute Blinddarmentzündung!

Heckmair hat seine Karten die ganze Zeit nicht aus der Hand gelegt, ist von seinem Blatt so überzeugt, dass er jetzt auf keinen Fall aufhören will. Na gut, der Arzt willigt ein, eine Runde sollte schon noch gehen!

Am nächsten Morgen ist Anderl Heckmair nicht mehr ansprechbar. Sofort wird er ins Krankenhaus abtransportiert. Dort angekommen, lässt man ihn im Gang auf einer Bahre liegen. Stundenlang! Noch nie hat er sich so elend gefühlt. Bei seinen Skiunfällen nicht, nicht bei endlos erscheinenden Stunden in sturmgepeitschten Biwaknächten, nicht einmal in der Eiger-Nordwand, als ihn das Bauchweh nach dem Verzehr von Ölsardinen drückte und ihm hoch über Grindelwald in senkrechter Wand schwindlig und speiübel war. Im Fieberwahn ziehen an ihm die schlimmsten Momente vorbei, als er im Inferno des brüllenden Schneesturms seine Seilgefährten nach vollbrachter Erstbegehung sicher aus der Eigerwand führte.

Jetzt, in diesem fensterlosen Flur des Spitals, kommt es ihm vor wie in einer Sterbekammer! Sollte es das gewesen sein? Sollte er hier jämmerlich zu Grunde gehen? Nach all den überstandenen Abenteuern, nach vielen Situationen mit Todesgefahr, nach ausweglos erscheinenden Momenten am Berg, die er immer mit unbändiger Lebensenergie überwunden hatte? Anderl muss sich hier wohl fügen, wähnt sich im Kampf zwischen Aufgeben und Durchhalten, als er noch soeben – schon ganz weit weg – einen Ausruf in sein Bewusstsein lässt: „Da liegt ja der Heckmair, da müssen wir sofort etwas unternehmen!" Die Operation erfolgt in allerletzter Minute. Der Blinddarm ist bereits durchgebrochen!

Lebensfreu(n)de – Anderl Heckmair und Toni Hiebeler

Zu Anderl Heckmairs wirklich guten Freunden zählte Toni Hiebeler. Ja, der Toni Hiebeler, der zum Alpinismus gehörte wie Franz Beckenbauer zum Fußball!

Einer, der der ganzen Bergsteigerei eine Plattform errichtete, als Journalist, als Buchautor, als streitbarer Geist. Der die Gedanken und die Gefühle der Extremen zu kanalisieren wusste, der Veränderung wollte, wenn es ihm nötig erschien, der provozierte, vermittelte und forderte! Einer, der wusste, was gespielt wird in den großen Wänden, der selbst extrem kletterte, einen Instinkt für Besonderes am Berg hatte, der stets offen war für neue Spielarten im Gebirge, der an Ausrüstungsgegenständen tüftelte, kurzum einer, der sich im Zentrum des Geschehens bewegte und dem die alpine Welt zum Mittelpunkt seines Daseins wurde.

Bisweilen war er etwas grob, nahm nie ein Blatt vor den Mund, vermochte auszuteilen, aber auch einzustecken.

Heckmair und Hiebeler konnten sich gut leiden. Es verband sie so vieles. Die Liebe zu den Bergen sowieso, die Eiger-Nordwand, deren Heckmair-Route Toni Hiebeler mit Gefährten zum ersten Mal im Winter durchstiegen hatte. Vor allem aber waren sie beide spontan, hatten Lust am Leben und der Leichtigkeit des Seins. Trinkfest wie sie waren, ließen sie kaum eine Gelegenheit zum Feiern aus. Anlässe fanden sich immer, und dies auch in den unmöglichsten, bisweilen schwierigen und unangenehmen Lebenssituationen. So eine gab es Ende der fünfziger Jahre! Wieder war es die Eiger-Nordwand, die sie diesmal zwangsweise zusammenführte.

Toni Hiebeler hatte es gewagt, die Aussagen zweier Schweizer Bergsteiger in Zweifel zu ziehen, die behaupteten, die Eiger-Nordwand durchstiegen zu haben. Kurz gesagt, niemand hatte sie gesehen – die Nordwand war genau zu diesem Zeitpunkt hinter einem Nebelvorhang verschwunden. Hiebeler zweifelte laut und öffentlich, es gab Anschuldigungen und Gegenanschuldigungen! Eigentlich eine sehr traurige Geschichte, die nur aufzeigt, dass in der oft verklärten und heroisierten Bergwelt alle Schwächen, Probleme und Unzulänglichkeiten des Menschseins zu finden sind. Das Ganze eskalierte und beschäftigte letztendlich die Gerichte im so genannten Eigerwand-Prozess. Anderl Heckmair wurde als Sachverständiger geladen, um Licht in das Dunkel fragwürdiger Behauptungen und zweifelhafter Bilddokumente zu bringen. Aus diesem Anlass haben Hiebeler und Heckmair zusammen einen Termin vor Gericht in Bad Tölz, wo die Verhandlung stattfindet.

Ihnen ist gar nicht wohl bei der Sache! Was, wenn Hiebeler sich zu weit aus dem Fenster gelehnt hat mit seinen Zweifeln an der Glaubwürdigkeit der beiden Bergsteiger, oder vielleicht noch schlimmer, wenn sie, worauf einiges hindeutet, aufzeigen konnten, dass die angebliche Durchsteigung so nie stattgefunden hat? Einfach belastend und unangenehm.

Verspannt, mit sehr gemischten Gefühlen fahren die beiden anschließend an den Termin mit dem Wagen in Bad Tölz los. Heckmair hatte Toni Hiebeler am Morgen von dessen Wohnung in München abgeholt und will ihn nun lediglich zurückbringen. Wortkarg, ganz gegen ihre sonstige Art, sitzen sie im Auto, sind im Gedanken noch in die stattgefundene schwierige Gutachterei verwickelt, als sie an einer einladenden gastronomischen Einrichtung vorbeifahren. Sie schauen sich an, ohne Worte, die versteinerten Mienen lockern sich ein wenig, Heckmair tritt auf die Bremse, fährt in einem Schwung vor die Kneipe – und leitet damit eine Sauftour der heftigeren Art ein.

Nur ein Bier wollen sie trinken, den ganzen Ärger runterspülen, vielleicht noch ein zweites und ein Schnaps hinterher. – Schnitt.

Am nächsten Morgen wachen sie in Toni Hiebelers Wohnung auf, mit Brummschädel und am Gaumen klebender Zunge. Keiner von beiden weiß, wie sie dorthin gekommen sind und wer wohl den Wagen gefahren hat. Also, auf Spurensuche im Umkreis der Wohnung! Zunächst nichts, dann endlich finden sie das

Auto unversehrt vor einer fremden Garage mit einem hinter den Scheibenwischer geklemmten Zettel. Aufschrift: Beim nächsten Mal Anzeige und Abschleppdienst!

Froh und erleichtert, dass sie „nur" wegen der Eigerwand vor Gericht mussten, zischen die beiden erst einmal ein großes Weizen – jetzt allerdings ohne Auto – natürlich auch um die elenden Kopfschmerzen zu lindern!

Heckmair während eines Schneesturms am Eiger auf dem Gipfeleisfeld, 1938

Heilende Energie

Das Krankenhaus in Oberstdorf in den fünfziger Jahren. Schon beim Eintritt in den Empfangsbereich schlägt Anderl Heckmair jener Geruch von Desinfektionsmitteln, Kantinenessen und gekochten Leintüchern entgegen, den er selbst durch etliche Aufenthalte in Spitälern kennt. Wenn er etwa seine Blessuren vom Klettern behandeln oder die Knochenbrüche nach wilden Skiabenteuern in der Pionierzeit des „weißen Rausches" auskurieren lassen musste.

Heute ist er allerdings nicht als Patient hier, sondern um seinen Freund zu besuchen. Um Karl soll es gar nicht gut stehen!

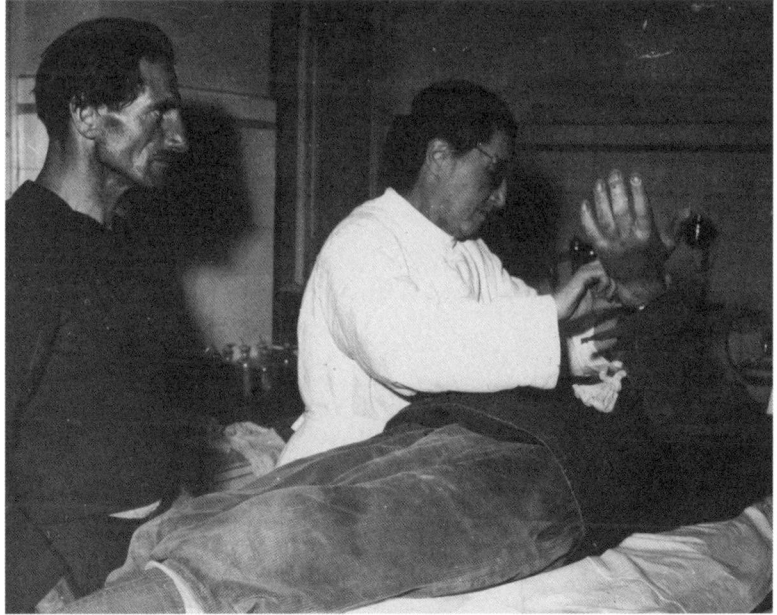

Eine Ärztin behandelt die Erfrierungen bei Hermann Köllensperger nach der Durchsteigung des Walkerpfeilers, 1951.

Mit gemischten Gefühlen fragt sich Heckmair zu dessen Zimmer durch. Keiner weiß so recht, was ihm fehlt, die Ärzte sind ratlos – eine seltene Viruserkrankung womöglich –, jedenfalls müssen auch die Mediziner mit ansehen, wie sich der Allgemeinzustand ihres Patienten rapide verschlechtert.

Auf Führungstour in den Dolomiten, fünfziger Jahre

Anderl Heckmair öffnet die Tür, nur ein Bett steht im Zimmer. Da liegt der Freund, apathisch, mit fahler Gesichtshaut, eingefallen – nur noch ein Schatten seiner selbst! Neben ihm, am Kopfende, sitzt seine Lebensgefährtin. Ihr Blick ist starr und ausdruckslos, dunkle Ringe haben sich um die Augen gelegt, und so in sich zusammengesunken wirkt sie völlig kraftlos. Kaum registriert sie, dass Heckmair im Zimmer ist. Er geht zu ihr hin, nimmt sie bei der Hand und zieht sie vorsichtig ein Stück vom Bett weg. Flüsternd will er sich erkundigen, wie es mit Karl weitergeht, was die Ärzte sagen und was ihm denn nun wirklich fehle, kann aber nicht zu Ende sprechen, denn schon beginnt sie zu weinen. Anderl sieht in ihre entzündeten Augen, aus denen kaum noch Tränen rinnen, hört aus dem Schluchzen und Stammeln die entscheidenden Worte heraus: „... hoffnungslos, ... Karl muss sterben, ... nichts mehr zu machen, ... einfach bei ihm sein, wenn er geht ...!"

Heckmair ist erschüttert, fühlt sich ohnmächtig und hilflos. Das sind Situationen, die er nicht begreift, die ihn umtreiben, die er eigentlich nicht wahrhaben will. Er, der schon so viel Leid und Sterben erlebt hat, am Berg, im Krieg, würde jetzt am liebsten verdrängen und abhauen. Nicht dass ihn der Anblick eines Sterbenden niederzwingen würde, nein, es ist die Unverständlichkeit, die mit dem prognostizierten Ende seines Freundes einhergeht. Tod durch Steinschlag, Lawinen, Blitzeinschlag, Erfrierung, ja, das kann Anderl Heckmair akzeptieren. Das versteht er! Wenn es Leichtsinn, Dummheit oder ganz einfach Pech war. Aber das hier mit Karl – so einfach von innen heraus –, warum trifft es ihn jetzt gerade, im Grunde noch so jung?

Seine Grübelei wird von Karls Partnerin unterbrochen, die ihn bittet, für sie die Nachtwache zu übernehmen. Sie könne nicht mehr und habe Angst, ohne Beistand zu sein, wenn ihr Mann stirbt. Sofort willigt Heckmair ein und lässt sich einen Sessel in das kaltweiße, lebensfeindlich wirkende Sterbezimmer bringen.

Jetzt ist er allein mit dem Schwerkranken, muss aufpassen, nicht auch zum heulenden Elend zu werden. Er will sich einfach nicht damit abfinden, dass sein Freund so aus dem Leben tritt. Was würde sein, wenn die beiden jetzt am Berg wären, bei einem Biwak vielleicht in einer ausweglos erscheinenden Notsituation, ohne dass Ärzte den sicheren Tod vorhersagen könnten? Er würde kämpfen um seinen Gefährten, würde ihn wach halten, ihn wärmen, ihn schütteln, was auch immer. „Also Karl", murmelt Anderl Heckmair, „aufgepasst, ich schiebe dich jetzt ein wenig auf die Seite und leg mich zu dir! Der Sessel ist unbequem und ich bin hundemüde von der gestrigen Tour. Wir überstehen die Nacht nun gemeinsam!" Sprach's und kriecht zu ihm ins Bett. Anderl spürt dessen warmen, weichen Rücken und denkt sich, dass er es schon merken würde, sollte er in der Nacht starr und kalt werden.

Als die Nachtschwester auf ihrem Routinegang ins Zimmer schaut, glaubt sie ihren Augen nicht zu trauen. Da liegt der braun gebrannte Bergführer neben dem Todkranken und schnarcht. Sie schüttelt den Kopf, will ihn aus dem Bett ziehen, hält dann aber inne. Es sieht irgendwie friedlich aus, so freundlich und vital. Auch die Atemzüge des Patienten sind weniger flach und deutlich zu vernehmen. Sie meint sich sogar einzubilden, dass seine Gesichtszüge entspannter wirken, dass seine Haut rosiger sei.

Nein, die Krankenschwester hat sich nichts eingebildet. Karl wacht am nächsten Morgen auf, er ist völlig klar, und es geht ihm erheblich besser. Ein Zufall, ein Wunder, oder hat sich da über die Körperwärme und den Hautkontakt ein Stück von Anderl Heckmairs unglaublichem Lebenswillen übertragen?

Die vollständige Genesung des Freundes ist jedenfalls nur noch eine Frage von Tagen!

Der Hirtenstock oder woran das Herz hängt

Dauphiné. Die weit im Süden gelegene Gebirgsgruppe darf sicher zu den wildesten und aufregendsten Teilen des Alpenbogens gezählt werden. Unweit von Grenoble steilen sich wunderschöne Urgesteinsberge bis über 4000 Meter auf: Grand Pic de la Meije, Olan, Barre des Ecrins, Pic sans Nom, Pic Coolidge, Ailefroide Occidentale sind die Namen der bedeutendsten Gipfel im Haut-Dauphiné. An vielen der steilen Pfeiler und Wände schrieben Bergsteiger alpine Klettergeschichte, so an der 800

Die Schleierkante an der Cima della Madonna (hier in Gipfelnähe) – eine von Anderl Heckmairs Lieblingstouren.

Meter hohen direkten Südwand der Meije, an der gut 1000 Meter hohen Olan-Nordwestwand oder auch an der gleich hohen und ebenfalls nach Nordwesten ausgerichteten Steilwand der Ailefroide Occidentale. Großzügige, klassische Routen wurden hier in den dreißiger Jahren erschlossen, immer auf der Suche nach dem damals höchsten Schwierigkeitsgrad, dem VI. Grad. Wichtig war, lange, herausfordernde Touren zu eröffnen, in denen weitestgehend noch frei geklettert wurde, bisweilen aber nur die Zuhilfenahme von Seilen, Haken und Trittschlingen zur Fortbewegung eine komplette Durchsteigung möglich machte.

Es war die Zeit der großen Wände, die Zeit der Erschließung der so genannten „letzten Probleme der Alpen". An den Grenzen des Machbaren vollbrachten die damaligen Kletterpioniere exorbitante Leistungen. Klingende Namen haben sich hier verewigt: Devies, Gervasutti, Allain, Leininger, um nur einige zu nennen. Anderl Heckmair kannte sie alle, war ihnen begegnet auf seinen Streifzügen im Montblanc-Massiv, wo er mit den Versuchen an den Grandes Jorasses oder der Erstbegehung der Grand Chamoz-Nordwand auch bei den französischen Kletterern auf sich aufmerksam machte. Man traf sich überall, an den Einstiegen der berühmtesten Wände der Alpen, später auf Bergsteiger-Treffen, respektierte sich, tauschte sich aus.

Anfang der achtziger Jahre blickt Anderl Heckmair wieder sehnsuchtsvoll auf die Meije! „Das wäre was", sinniert er, „mit einem der alten Freunde noch mal die Kletterschuhe angezogen und die klassische Route in der Südwand durchsteigen. Ob das noch hinhauen würde – schließlich gehe ich mit Riesenschritten auf meinen 80. Geburtstag zu, und die meisten der alten Seilgefährten sind sowieso schon tot." „Anderl, gehen wir weiter?" Die Stimme seiner Frau Trudl reißt ihn aus seinen Träumen. „Stimmt ja, ich bin zwar in der Dauphiné", denkt er, „aber klettern wäre sowieso nicht drin, ich muss ja meine Freunde auf der ausgemachten Rundtour führen, und dazu kommen noch diese verfluchten Knieschmerzen."

Die Heckmairs haben sich mit einer Gruppe von Gleichgesinnten, mit denen sie bereits 1978 im Himalaja waren, zu einer Durchquerung der Dauphiné eingefunden. Und ausgerechnet bei diesem kurzweiligen Bergtrekking will Heckmairs Kniegelenk ihm partout die Freude verleiden.

Oh, das mag er gar nicht, wenn ein Teil seines Bewegungsapparates Beschwerden signalisiert. Gut, bei den früheren extremen Touren in der Pionierzeit des VI. Grades, da waren kleinere und größere Verletzungen an der Tagesordnung. Da kämpfte man sich nach oben weiter mit blutdurchtränktem Verband um den Kopf nach einer Steinschlagverletzung, mit aufgerissenen Händen und Fußknöcheln nach anstrengender Rissklettierei. Und sich bei den waghalsigen Skiabfahrten etwas zu verstauchen oder gar zu brechen gehörte beinahe zur Normalität. Aber hier und jetzt, bei herrlichem Wetter gut gelaunte Freunde durch die Dauphiné

Kleinere Verletzungen gehörten geradezu zur Tagesordnung: Heckmair mit Kopfverband an der Schneck, vierziger Jahre

Anderl und Trudl Heckmair bei einer geologisch-botanischen Wanderung am Söllereck bei Oberstdorf, neunziger Jahre

zu führen, wo die Sinne aller auf lustvollen Genuss eingestellt waren – da nervt ihn ein so wehleidiges Knie schon gewaltig!

Heckmair reißt sich zusammen, will den anderen die Freude nicht schmälern, doch ein starkes Humpeln lässt sich nicht unterdrücken. Schon von weitem kann man erkennen, dass da ein Mann verletzt ist oder zumindest Schmerzen haben muss!

Tapfer führt er die Gruppe bergauf und bergab, bis sie sich schließlich einer Hochalm nähern. In der Ferne ein friedliches Bild: ein Hirte mit seiner Schafherde, gemütlich an einen Felsbrocken gelehnt. Doch kaum sieht dieser die Wanderer, ist es mit dem Frieden vorbei. Schreiend und wild mit einem Stock fuchtelnd und gestikulierend, kommt er auf sie zugerannt. Verunsichert bleiben alle erst einmal stehen. Es sieht ganz danach aus, als ob da jemand für territoriale Klarheiten sorgen will. Offensichtlich passt es dem Hirten nicht, dass die Gruppe auch nur noch einen Schritt Richtung Alm macht. Schnurstracks stürmt er direkt auf Anderl Heckmair zu und – reicht ihm seinen Haselstock! Er deutet an, dieser solle sich nur auf den säuberlich entrindeten Stecken aufstützen, um sich von seinen Knieschmerzen Erleichterung zu verschaffen. Der so Beschenkte ist gerührt, nimmt die liebevoll bearbeitete Gehhilfe entgegen und stützt sich brav bei jedem Schritt auf. Die Tour wird fortgesetzt, Heckmair kann jetzt schmerzfreier steigen und gewinnt den Stock mehr und mehr lieb. Das geht so weit, dass er fortan keine Tour mehr ohne ihn machen will. Er, der eigentlich Stöcke nicht mag.

Natürlich hatte auch Anderl Heckmair mitbekommen, wie nützlich und gelenkschonend die Benutzung von den damals immer mehr aufkommenden verstellbaren Gehstöcken ist, aber als Bergführer und extremer Alpinist war er es gewöhnt, die Hände beim Bergangehen so lange gemütlich in den Hosentaschen ruhen zu lassen, bis das Seil oder der Eispickel zum Einsatz kam oder das Gelände die Zuhilfenahme der Hände nötig machte. War er allein unterwegs, konnte das schon ziemlich lange dauern, bis er es für ratsam hielt, sich hie und da mal abzustützen oder ein wenig hochzuziehen, um dann doch wieder rasch in den entspannten Hände-in-den-Hosentaschen-Gang zurückzufallen.

Seit der Begegnung mit dem aufmerksamen Hirten in der Dauphiné war die stocklose Zeit vorbei. Heckmair ließ den Stecken nicht aus den Augen, hütete ihn wie einen Talisman.

Wie wichtig dieser ihm wurde, zeigt ein Ereignis, das seiner Frau unvergessen bleiben wird!

Einige Jahre nach der Dauphiné-Rundtour machen Trudl und Anderl Heckmair wie so oft eine ihrer Bergwanderungen rund um ihren Heimatort Oberstdorf. Ein wenig Bummeln, nach Blumen schauen, zwischendurch mal steil bergauf, bis der Schweiß in Strömen fließt, dann ins Gras gelegt, den Wolken zugeschaut, ein kleines Picknick, ganz so wie es sich ergibt. Gerade haben sie sich zu einer solch beschaulichen Rast niedergelassen, mit herrlicher Aussicht, wie in einem Adlernest verweilend, weil sich unter ihnen ein mächtiger Steilabbruch auftut, als Anderl seinen Stock unachtsam quer zum Hang legt! Dieser beginnt zunächst langsam zu rollen, wird immer schneller, dreht sich in Längsrichtung, überschlägt sich und saust mit Höllentempo senkrecht den felsdurchsetzten Tobel hinab.

Anderl springt sofort auf, rennt hinterher, erreicht den Rand des Abbruchs und verschwindet, wie der Stecken nur kurz vorher, ebenfalls im Abgrund. Trudl ist wirklich erschrocken: „Hast du dir was getan?" Vorsichtig blickt sie in den Steilhang, aber in den vielen Felsrinnen und Mulden kann sie ihren Mann nicht sehen. Ist er am Ende abgestürzt? Plötzlich von weiter unten ein Schimpfen und so etwas wie „lieber bleibe ich für immer in dieser Schlucht, als dass ich den Knüppel hier zurücklasse." Erste Erleichterung bei Trudl. Trotzdem, das Gelände ist so brüchig und wirklich gefährlich. Und bei aller schlafwandlerischen Sicherheit, die der erfahrene Bergsteiger in solchen Schrofen zeigt, dieser verrückte Kerl ist längst über 80 Jahre alt. Bange Minuten folgen, lediglich unterbrochen von rumpelnden Steinen und Flüchen, die hier nicht wiedergegeben werden sollen.

Endlich, völlig unerwartet, Trudl wähnt ihren Mann ganz woanders, taucht an einer Felskante zuerst der helle Stecken auf, dann das noch immer dunkle Haupthaar Heckmairs und unter breitem Grinsen sein Gesicht.

Den kostbaren Stock so leicht aufzugeben, das hätte er sich dem hilfsbereiten Hirten gegenüber nie verziehen.

Heckmair als Bergführer (li.) beim Zustieg zur Langkofelscharte, 1953

Instinkt für Momente des Glücks

Anderl Heckmair war ein Mensch, der seine Sensoren für genussreiche Augenblicke von frühester Jugend an ausgebildet hat. Oft waren es seine eher kindliche Neugier und sein Eifer, sich immer und immer wieder auf die Spur reizvoller Ausblicke, Kleinigkeiten am Wegesrand und stimmungsvoller Momente der Natur zu begeben. Menschen, die ihm dann folgten, kamen bisweilen in unerwartete, ergreifende Situationen. So auch Heckmairs Frau Trudl und sein Neffe Hansi.

Die beiden hatten Hansi versprochen, ihm einmal die Nordwand des Eigers zu zeigen, in der sich Anderl Heckmair mit seiner Route 1938 für immer verewigt hatte. Gemütlich fahren sie mit dem Wagen von Oberstdorf Richtung Berner Oberland, haben es keineswegs eilig, essen auf dem Weg in aller Ruhe in einem netten Gasthof zu Mittag, bummeln hier und da. Am späten Nachmittag treffen sie in Grindelwald ein, fahren das letzte Stück mit der Bahn und beziehen das ihnen von vielen Besuchen vertraute Quartier in Alpiglen.

Gerade erst eingetreten, wird Heckmair unruhig, will ohne ersichtlichen Grund jetzt noch los Richtung Nordwand. Trudl, die die Wand zusammen mit ihrem Mann schon so oft aus den verschiedensten Perspektiven gesehen hat, versteht die Aufregung nicht. Es hätte doch Zeit bis zum nächsten Morgen, bremst sie, nach einem guten Frühstück könnten sie sich die Wand doch in aller Ruhe ansehen, außerdem sei man etwas erschöpft nach der langen Fahrt, wäre für eine Wanderung in unpassender Reisekleidung, und es werde ohnehin bald dunkel.

Es nützt alles nichts. Heckmair besteht darauf – wird immer ungeduldiger. „Na gut", mag sich seine Frau gedacht haben, „tun wir ihm den Gefallen." Dann aber wenigstens das Sommerkleid gegen eine Kniebundhose getauscht. Nichts da – drängt Heckmair, nur rasch die Bergstiefel angezogen.

Ein lustiges Bild: Bergführer in schicker, heller Sommeranzughose, Ehefrau in leichtem, luftigen Kleidchen, und der Neffe, der gar nichts mehr versteht, sich aber fügt, allesamt in schweren Bergstiefeln Richtung Nordwand zum damaligen Zeltplatz von 1938 hetzend!

Was ist nur mit dem Anderl Heckmair los? Welcher Eiger-Teufel hat ihn da geritten?

Die Antwort erfolgt plötzlich und unerwartet. Auf einer Kuppe angekommen, baut sich vor ihnen die Nordwand in ihrer ganzen Wucht und Größe auf. Wie verzaubert steht sie da, getaucht in ein Abendlicht, das mit Pfeilern, Vorsprüngen und Steilmauern in den zartesten Rot- und Gelbtönen spielt. Die Eisfelder wie marmoriert, alles Scharfkantige zerfließt zu einem harmonischen Ganzen. Sanft und warm wirkt die Wand, nichts bleibt übrig von ihrem sonst so düsteren, abweisenden Gesicht. Eine Symphonie der Natur, gebildet aus Stein, Schnee und Licht!

Am nächsten Morgen ist sie hinter einem undurchdringlichen Nebelvorhang verschwunden.

Anderl und Trudl Heckmair vor der Eiger-Nordwand

Abgetaucht

Zu den Gepflogenheiten der Heckmairs, sozusagen ein Ritual, über das nicht besonders nachgedacht wird, gehört der turnusmäßige Aufenthalt in Regionen mit Thermalquellen. Als Entspannung und Erholung, ja fast als Ausgleich zu den vielen Touren bergwärts. Bisweilen aber auch, um an einem Ort zu sein, an dem es unwahrscheinlich ist, dass Anderl erkannt wird, er erzählen soll, Bücher signieren muss, eingeladen wird, kurzum einfach nicht ganz privat sein kann. Ihm macht es eigentlich nichts aus, er gibt interessierten Leuten gerne Antworten auf viele Fragen, doch manchmal erscheint es ratsam, mal wieder ganz für sich zu sein, die Batterie aufzuladen, vor allem nach vielen offiziellen Veranstaltungen, Vorträgen, Interviews und Presseterminen. Eine kleine Insel ohne Massentourismus, dazu mit warmen Quellen gegen die angestrengte Muskulatur, soll es sein. Vulcano, ein Eiland der Liparischen Inseln vor Sizilien, scheint für diesen Zweck sehr geeignet, verspricht die nötige Ruhe, hat den richtigen Charme.

Gleich am ersten Tag stellen Anderl und Trudl fest, dass sie mit Vulcano einen Volltreffer gelandet haben. Wunderschönes Wetter begrüßt sie, nicht zu heiß jetzt im März, und ein menschenleerer Strand lädt ein, die Seele baumeln zu lassen! Zudem entdecken sie eine Art Mini-See, kaum größer als ein Swimmingpool und ganz offensichtlich mit dem herrlich heißen schwefelhaltigen Wasser aus der Tiefe gefüllt. Schnell nach links und rechts geschaut, dann in die Badekleidung geschlüpft und rein in den Thermalteich. Welche Wohltat, welcher Genuss für den Körper und das innere Gleichgewicht. Bis zum Hals sitzen sie drin, das Wasser reicht bis an das Kinn, und die herausragenden Köpfe sind kaum noch von der umliegenden Strandstruktur aus Sand und Steinen auszumachen. Die beiden genießen die Einsamkeit aus vollen Zügen.

Heckmairs Blick verliert sich am Horizont über dem Meer, er nimmt seine Frau in den Arm und könnte glatt ein Nickerchen machen. Im selben Moment schreckt Trudl hoch. Anderl denkt zuerst, seine Umarmung wäre auf wenig Gegenliebe gestoßen. Er sieht ihren entsetzten Gesichtsausdruck, merkt aber schnell, dass ihre Augen nicht ihn fixieren, sondern an ihm vorbeisehen in die Richtung, zu der sein Hinterkopf ausgerichtet ist. „Was kann denn da nur Besonderes sein?", denkt er, dreht sich, und sofort erstarrt auch er. Da kommt eine Traube Menschen, so mindestens fünfzehn, direkt auf ihr Freiluftbad zu. Zu spät, um noch schnell rauszuspringen und Reißaus zu nehmen. Also, Köpfe so weit es geht runter, gerade so, bis das Wasser knapp die Nasenlöcher verfehlt. Vielleicht haben sie ja Glück, und im Eifer der jetzt schon zu hörenden angeregten Unterhaltung würde die nahende Gruppe glatt über die beiden hinwegsehen. „Ausgerechnet jetzt müssen die da hermarschieren", denkt Anderl, wo er mit Trudl in eine Art Von-allem-losgelöst-Zustand hineinrelaxt hatte.

„Zum Glück kennt mich wenigstens keiner von denen", schießt es ihm durch den Kopf, als er auch schon überlaut seinen Namen vernimmt: „Wenn das nicht der Anderl ist!", ruft der offensichtliche Anführer der Truppe, „ja, der Anderl Heckmair! Und die Trudl, seine Frau, ist auch dabei! So ein Zufall! Das kann doch nicht wahr sein. Was macht denn ihr hier auf Vulcano in dieser Heilpfütze?" – „Ich hab gewusst, dass du vorbeikommst, und wollte nur mal aus einer anderen Perspektive sehen, wie du aussiehst, wenn du keine Ski an den Füßen hast oder an keiner Felswand klebst. Los, spring rein, dann muss ich nicht so aufschauen!" Längst hat Heckmair Walter Kellermann erkannt, Freund und Bergführer aus Reit im Winkl, der mit seiner Wandergruppe nach der Skibesteigung des Ätna auf Sizilien einen Ausflug nach Vulcano unternommen hatte und sich nun nicht lange zum Gemeinschaftsbad bitten lässt!

Das Lawinchen

Wer ein Leben lang in die Berge geht, auf Gletschern unterwegs ist und im Winter Skitouren macht, kommt früher oder später mit Lawinen in Berührung! Als Beobachter, als Retter oder schlimmstenfalls als Opfer. So auch Anderl Heckmair. Viele Lawinen hat der Bergführer gesehen, war bei zahlreichen Rettungen und Suchaktionen dabei und hat am eigenen Leib mehrfach die ungeheure Kraft und Gefährlichkeit von in Bewegung geratenem Schnee erfahren müssen.

Lawinen in der Eiger-Nordwand, 1938

Schon in seiner Jugend eignete sich Heckmair ein praktisches Wissen über Lawinen an, was keineswegs zur Nachahmung empfohlen sei, ihm aber für sein späteres Leben als Berufsbergführer von größtem Nutzen war.

Monatelang hielt er sich damals mit Gleichgesinnten auf einer Hütte im Kleintiefental auf, man machte Touren, veranstaltete Rennen und genoss die Schönheit des Winters. Zog sich der Schnee im Frühjahr mehr und mehr zurück, blieben nur noch die firngefüllten Steilrinnen zwischen den Felsen, um auf Skiern talwärts zu rauschen.

Dabei erfanden sie ein Spiel, das sie „Lawinentratzen" (reizen) nannten. Sie fuhren dazu in die steilsten Rinnen ein und lösten gewollt Oberflächenlawinen im nassen Firn aus. Immer frecher wurden die Skihasardeure, machten sich einen Spaß daraus, wem es gelänge, den wohl größten Schneerutsch auszulösen. Das ging so lange gut, bis es einen aus der Gruppe die Rinne samt Firnlahn hinunterschwemmte. Ein längerer Aufenthalt im Krankenhaus war die Folge.

So makaber es klingt, für Anderl Heckmair waren diese leichtsinnigen Spielchen aus seiner Sturm-und-Drang-Zeit eine Art Lebensversicherung für die vielen, noch folgenden Jahre im Gebirge. Aufgrund dieser frühen Erfahrungen hat er seinen „sechsten Sinn" für Gefahrensituationen im Schnee entwickelt, gleichzeitig aber auch einen großen Respekt vor der Wucht und Unberechenbarkeit des weißen Elements ausgeprägt.

Neben theoretischem Wissen ermöglichte dieser Instinkt aus Ehrfurcht und Selbstverständnis für das winterliche Hochgebirge ein Überleben trotz nie ganz auszuschließendem Restrisiko. Mit Letzterem wurde Heckmair einmal in den Bergen bei Davos in der Schweiz konfrontiert:

Er hat eine Gruppe die berühmte Parsennabfahrt hinunterzuführen. Die Verhältnisse sind nicht optimal. Windgepresster Schnee wechselt mit Abschnitten erbärmlichsten Bruchharsches. Als der „Krampf" mit der skifeindlichen Harschauflage zu arg wird, will er einen mehr nordseitigen Hang benützen, der zwar Pulver verspricht, ihm aber auch verdächtig erscheint. Er hat irgendwie ein ungutes Gefühl, glaubt aber, dass die Passage nicht wirklich gefährlich wäre. Ein Irrtum, den Anderl Heckmair bereuen sollte, weil ihm sein Instinkt deutlich sagte: Finger weg, besser: Ski weg von dem Gelände! Er bekämpft sein Bauchgefühl und fährt unter Beachtung aller Vorsichtsmaßnahmen in den Hang hinein. Hände aus den Stockschlaufen, Fangriemen gelöst und die Skier mit geöffneter Backenbindung geführt. Ein dumpfer Knall, und der auf großer Breite abbrechende Schnee reißt Heckmair mit. In Bruchteilen von Sekunden befreit er sich von Skiern und Stöcken in dem weißen Inferno. Nur nicht runtergedrückt werden, gibt er sich den einzig richtigen Befehl. Wie

Die Heckmairs bei einer Skitour zum Krakenkopf, 1981

Das Lawinchen 133

im Zeitraffer rasen die Bilder aus den Steilhängen vom Kleintiefental an seinem inneren Auge vorbei, wo in den Oberflächenlawinen, die sie ausgelöst hatten, immer noch was ging. Mit diesem Impuls aus der Vergangenheit kann er den Schock abweisen, zu verharren, und hat die Zuversicht zu schwimmen wie in einem tosenden Ozean. Es gelingt ihm, unter Aufbietung aller Kräfte, an der Oberfläche zu bleiben, und noch ehe die Lawine zum Stehen kommt, hat er sich unverletzt aus ihr herausgewälzt!

Drei Dinge brennen sich nach diesem Erlebnis für immer ein: Niemals in einen Hang einfahren, der bedenklich erscheint. Sollte es dennoch passieren, mutig dagegenhalten, man hat noch eine winzige Chance. Und vor allem das Bauchgefühl beachten!

Anderl Heckmair bei einer Skitour im Kleinwalsertal, dreißiger Jahre

Das Unterbewusstsein, der Instinkt für eine Gefahr, kann durch keine noch so fundierte theoretische Betrachtung der Situation ersetzt werden.

Dass auch dies alles nicht ausreichen kann, um der weißen Bedrohung ein Schnippchen zu schlagen, musste Anderl Heckmair viel später noch einmal in kurioser Form erfahren.

Es ist Hochwinter in den Allgäuer Bergen. Reichlich Schnee liegt überall. Vor einem Berggasthaus übt eine Gruppe Skilehreranwärter im flachen Gelände. Anderl Heckmair möchte mit seinen Begleitern die Übenden umgehen, um den Unterrichtsverlauf nicht zu stören. Neugierig wendet er dabei den Kopf nach hinten, will etwas von der Lehrweise mitbekommen, als er wenige Meter weiter eine Skilifttrasse überquert. Dabei schneidet er einen 10 Meter hohen Minihang an, dessen weiße Auflage im nächsten Augenblick in Schollen bricht, Anderl umwirft und ein Stück mitreißt. Verdutzt schaut er nur noch mit dem Kopf aus dem Schneebrett. Wie einzementiert ist er in dem Lawinchen, kann sich nicht bewegen. Die Gruppe Skilehrer stürzt in heller Aufregung herbei. Da steckt der alte Hase Heckmair, der die Lawinen der „Spinne" bei der Erstdurchsteigung der Eiger-Nordwand überstand, mit einer Hand noch seinen Seilgefährten Wiggerl Vörg am Kragen haltend, der Hunderte von schwierigen Stunden auf Skitouren hinter sich hat, der als Bergführer die personifizierte Erfahrung darstellt, da steckt dieser Routinier hier in diesem Minilawinchen fest und muss sich von den Skilehreraspiranten ausbuddeln lassen.

Ein wenig peinlich vielleicht, belustigend allemal, aber in erster Linie beeindruckend lehrreich. Es gibt keine hundertprozentige Sicherheit vor Lawinen, an keinem Hang, nicht im Wald und nicht in bebautem Gelände. Kein noch so großes Wissen schützt vollständig, keine noch so gute Ausrüstung und reiche Erfahrung bewahren allzeit.

Nur übergroße Vorsicht und lieber einmal zu viel Umkehren vermögen die lauernde weiße Gefahr in Schach zu halten.

Das Paradoxon der Gesundheit

Das Jahr 1988 – ein Jubiläumsjahr! Nicht nur für Anderl Heckmair, nein, ein Jubiläum für den gesamten Alpinismus! Vor genau 50 Jahren wurde die Eiger-Nordwand zum ersten Mal durchstiegen. 1938 setzten vier Bergsteiger einen Markstein und lösten das so genannte „letzte Problem der Alpen": Anderl Heckmair, Wiggerl Vörg, Fritz Kasparek und Heinrich Harrer. Von den vieren leben 1988 zum Jubiläum nur mehr Heckmair und Heinrich Harrer. Und mit denen wollen alle feiern. Zeitzeugen, die sich noch an die aufregenden Tage im Juli '38 erinnern, Alpinisten aus aller Welt, Bergwanderer wie Extreme, Bergführer und Journalisten, Historiker und Filmemacher und ganz einfach viele Gratulanten, die den Hut ziehen vor der damaligen Leistung.

Eine Feierlichkeit folgt der anderen, ein Vortrag löst den anderen ab. Auch ich lade Anderl und seine Frau Trudl zum Vortrag zu uns ins Ruhrgebiet ein. Anfang Dezember soll er stattfinden, im Zusammenhang mit einer kleinen Ausstellung zur Ersteigung der Eigerwand. Schon im Kartenvorverkauf zeichnet sich ab, dass der etliche hundert Leute fassende Saal bis auf den letzten Platz besetzt sein wird.

Dann der Schock – kurz vor dem Vortragstermin ein Anruf von Trudl Heckmair – ihrem Mann geht es schlecht, er liegt im Krankenhaus, hat eine ernste Krankheit. Mir stockt der Atem. Man vergisst so leicht, dass er schon 82 ist – hoffentlich geht das alles gut aus. War der Rummel um seine Person am Ende zu viel? Obwohl Trudl, das Organisationstalent, alles sehr gut gemanagt hat, waren die Belastungen doch ziemlich hoch. Und dann komme ich am Ende dieses Stressjahres auch noch mit meiner Einladung daher. Gewissensbisse helfen jetzt nicht weiter. Anderl muss schnell wieder gesund werden.

Während ich den ausgefallenen Vortrag abwickle, hält mich Trudl über den Zustand ihres Mannes auf dem Laufenden. Es geht ihm weiterhin nicht gut. Durch aufmunternde Briefe versuche ich mitzuhelfen, ihn bei Laune zu halten. Ich rate ihm: Er soll sich jetzt, wo das Wetter so gruslig ist, tüchtig ausschlafen und schon die nächsten Touren planen fürs neue Jahr, wenn sich die Sonne wieder ordentlich zeigt! Dazu ein Bildband von Toni Hiebeler, der schnell wieder Lust machen wird auf Aktivitäten draußen im Gebirge.

Bange Tage folgen! Dann endlich die Nachricht: Anderl ist auf dem Weg der Besserung. Einige Zeit muss er noch im Krankenhaus verbringen, dann schließt sich eine längere Rekonvaleszenz an. Im Februar ist er zum Glück wieder richtig auf den Beinen, und es ergibt sich für mich die Gelegenheit, ihn im Anschluss an einen beruflichen Termin in München wenigstens kurz zu besuchen.

Ungewöhnlich mild ist es. Als ich vormittags in Oberstdorf eintreffe, kann ich mit Erstaunen feststellen, wie weit sich der Schnee in höhere Regionen zurückgezogen hat. Ein großes „Hallo" beim Wiedersehen, und erleichtert nehme ich zur Kenntnis, dass Anderl jedenfalls seinen Humor im Spital nicht verloren hat, wenn man ihm auch die Anstrengung zur Überwindung der Krankheit noch ansieht.

Trudl hat leckere Spaghetti mit Bologneser Sauce gekocht. Ein gutes Glas Rotwein sowie ein oder zwei Grappa heitern die Stimmung jetzt zur mittäglichen Stunde noch weiter auf. Der Alkohol tut seine Wirkung. Ich könnte nun ein kleines Nickerchen in der Sonne machen. Nichts da – Anderl schlägt vor, wir sollten uns doch auf einem gemütlichen Spaziergang die Beine vertreten. Komisch, dass ich dafür sicherheitshalber Bergschuhe von ihm verpasst bekomme, da ich doch immerhin Sportschuhe anhabe, die auch außerhalb glattgebügelten Asphalts tauglich wären. Ein Anorak ist schnell gefunden, und ruck, zuck befinden wir uns im Auto, um ein Stück Richtung Tiefenbach zu fahren. Nach kurzer Strecke halten wir unter einem steilen Waldhang an. Während Trudl das Auto verriegelt und ich nach dem Spazierweg Ausschau

Das Paradoxon der Gesundheit

Was zählt, sind die kleinen Freuden: Anderl Heckmair als Bergführer, 1953

halte, sehe ich Anderl den Hang – sozusagen direttissima – in Angriff nehmen. Wir kommen kaum nach. In unnachahmlicher Weise steigt er den Hang hinauf – völlig weglos und mit einem Höllentempo, dass es mir den Schweiß auf die Stirn treibt. Und dieser Mann soll noch vor kurzem ernstlich krank gewesen sein? Kaum zu glauben. Besorgt schaue ich zu Trudl. Aber aus ihren Augen lese ich, dass es an der Zeit ist, ihn gewähren zu lassen. Offensichtlich weiß seine großartige Partnerin ganz genau, wann sie den ungestümen, energiegeladenen Anderl zum eigenen Wohl bremsen und wann sie ihn auf den ersten Blick unvernünftige Dinge tun lassen muss.

Als ich Anorak und Pullover ausziehe, um nicht völlig durchzuschwitzen, steigt „unser Bergführer" gemächlich weiter. So bietet sich die Gelegenheit, kurz mit seiner Frau zu reden. Sie beruhigt mich: „Ein wenig steil nach oben stürmen tut ihm nur gut und ist Ventil für seine aufgestauten Energien. Aber lass dich auch nicht von der Art, wie er den Berg hochläuft, täuschen. Anderl ist noch nicht hundertprozentig wiederhergestellt. Es gibt ein untrügliches Zeichen, dass er es noch nicht ist: Er hat bislang noch keine seiner geliebten Toscanelli-Zigarren angerührt!" Stimmt – weder bei meinem Eintreffen hatte Anderl einen Stumpen im Mund, noch zündete er sich einen dieser herrlich stinkenden Tabakstängel nach dem Essen an. Dabei gehören doch die dunkelbraunen Toscanelli genauso zu seinem Gesicht wie die markante Nase und die Augen voller Schalk und Lebendigkeit.

Es ist schon paradox, normalerweise macht man sich Sorgen um jemanden über achtzig, wenn dieser ohne Unterlass Zigarren rauchen würde. Beim Anderl ist es anders – da macht man sich Sorgen, wenn er nicht rauchen mag! Aber bei Anderl Heckmair ist eben so einiges anders.

Mittlerweile erreichen wir nach hundert Höhenmetern Steilhang einen wunderbaren Aussichtspunkt, der uns den Blick freigibt auf das Tal und die umliegenden Berge. Frühlingshaft warm ist es, mir läuft der Schweiß, und ich bin froh, rasten zu können. Anderl hingegen ist richtig aufgedreht. Er blinzelt in die Sonne, grinst und zaubert aus dem kleinen Rucksack, den Trudl mithat, ein dunkles Fläschchen heraus. Ich ahne bereits, was darin ist, brauche aber nicht lange rätseln, denn schon reicht er mir die Flasche und will, dass ich den ersten Schluck nehme. Ein kräftiger Schnaps beißt in der ausgetrockneten Kehle und treibt mir die Tränen in die Augen. Anderl lacht, reicht das Fläschchen seiner Frau, die vorsichtig nippt, um dann selbst zu einem guten Zug anzusetzen. Man kann sehen, wie er immer mehr aufblüht. Jetzt beginnt er von früheren Touren zu erzählen, luchst zwinkernd Trudl noch mal das Fläschchen ab, die es dann rasch wieder tief in den Rucksack verstaut, damit Anderl nicht übermütig werden kann.

Der indes sprüht mittlerweile vor Tatendrang. Wäre es nicht schon fortgeschrittener Nachmittag, er würde uns bestimmt noch zu einer Anschlusstour überreden. Der Abstieg verläuft bequem auf der anderen Seite und zieht sich durch ein abwechslungsreiches Wiesengelände, durchsetzt von Waldflecken, deren dunkelgrüne Farbe im Kontrast zu der direkt vor uns liegenden, noch verschneiten Allgäuer Gipfelkette steht.

Zurück in Oberstdorf nehmen die Dinge in puncto Genießen weiter ihren Lauf. Ich darf die Füße hochlegen, als Anderl die Bergschuhe putzt und Rucksack und Anorak an ihrem angestammten Platz verstaut, damit alles griffbereit für die nächste Tour ist, während seine Frau in der Küche ein mehrgängiges Abendmenü zaubert. Leckere Pfannkuchen sind dabei, eine schmackhafte Suppe und natürlich ihr selbstgemachter Kefir. Wein, Bier oder ein Glas Sprudel mit einem Spritzer Hollersaft, der Durst nach der Wanderung kann ganz nach Belieben gestillt werden. Schließlich sind wir satt, und Trudl scheucht uns aus der Küche hinüber in die Wohnstube, damit wir zwei es uns so richtig gemütlich machen können. Für einen Moment plagt mich das schlechte Gewissen, sie nebenan allein ab- und aufräumen zu hören. Als ich Anderl von meinem Konflikt erzähle, winkt er ab und schenkt uns ein Glas Whisky ein: „Da Uli, trink, wir stünden sowieso nur im Weg, also machen wir uns hier schon einmal nützlich und lassen den Whisky atmen!" Er ist in bester Laune. Die Augen leuchten, die Nachmittagssonne hat die letzte Krankheitsblässe aus seinem Gesicht vertrieben. Rasch sind wir beim zweiten Whisky, unser Lachen wird nach jeder Anekdote, die Anderl erzählt, fröhlicher, mitunter reicht schon ein Satz, eine Andeutung. Bald stößt auch Trudl dazu, die beiden werfen sich die Bälle zu, beziehen mich ein. Die Stimmung ist locker und entspannt. Lustige und ernste Themen wechseln sich ab – beide haben so viel zu erzählen. Vergangene Erlebnisse mischen sich mit neuen Plänen, Lebenslust wird zelebriert.

Und dann plötzlich blinzelt Anderl seiner Frau zu. Trudl weiß sofort, was er will! Sie öffnet die obere Schublade des Schranks und reicht ihm die Schachtel mit Toscanelli. „Ich will nur mal eine probieren", murmelt er. Wir sind still, ja halten beinahe den Atem an. Fast laut klingt das Knipsen des Feuerzeugs, dann der erste Zug, blauer Qualm steigt an seiner Stirn hoch, die er in Falten gelegt hat. Noch ein paar Paffer, die Stirn glättet sich, Anderl lehnt sich in seinem Lieblingssessel zurück, ein breites Grinsen umspielt seinen Mund. Er schaut uns an, blickt auf die Toscanelli, die er, so scheint es, beinahe liebevoll zwischen Daumen und Zeige- und Mittelfinger hält, sieht uns noch mal abwechselnd an, um dann die erlösenden Worte zu sagen: „Schmeckt, sie schmeckt wieder!" Anderl ist gesund!!

„Die Zigarette schmeckt wieder!"; Anderl und Trudl Heckmair zuhause in Oberstdorf

Steil „aufi" bis zuletzt

Was für ein fantastisches Frühjahr. Seit Tagen herrscht wunderbarstes Wetter. Ganz ungewöhnlich für den April. Strahlend blauer Himmel. Warm, windstill und mit einer klaren Luft, angefüllt vom Duft einer verschwenderischen Blütenpracht.

Anderl und Trudl Heckmair haben mich mit ihrem Besuch zu meinem Geburtstag überrascht, waren mit dem Zug gemütlich am Rhein entlang hier herauf ins Ruhrgebiet gefahren. Wir haben uns, statt in der Großstadt zu bleiben, in die Elfringhauser Schweiz zurückgezogen, eine liebreizende Landschaft mitten im Revier, umringt von urbanen Ballungszentren. Dort war die Wiege des Ruhrbergbaus, und heute ist es ein Kleinod für Erholung suchende Großstädter. Die Gegend erinnert an die Eifel, an Regionen in Süddeutschland oder an, ja genau, an wunderschöne Stellen in der Schweiz. Da sind dicht bewaldete Steilhänge über tief eingeschnittenen Tälern, weitläufige Auen und Wiesenflächen, Kühe und Pferde auf Hangweiden, mäandrierende Bäche und anheimelnde Häuser, die sich harmonisch ins Gesamtbild einfügen.

Jetzt, am späten Vormittag, sitzen wir auf der Loggia der gemütlichen Ferienwohnung, in der die Heckmairs übernachtet haben und wo wir gestern Abend gemeinsam meinen Geburtstag feierten. So viel gab es zu erzählen, das Neueste aus den Bergen, ein Rückblick auf den strengen Winter und natürlich immer wieder Geschichten aus Anderls erfülltem Bergführer- und Alpinistenleben. Es war spät geworden und – zugegeben – wir hatten auch etwas tiefer ins Glas geschaut. Würziges Pils der Region, ein leckerer Schnaps der ortsansässigen Brennerei, und dann mussten wir natürlich noch meinen Geburtstagswhisky, den mir die beiden mitgebracht hatten, auf Güte und Reife prüfen.

Das ist zumindest eine Erklärung, warum wir jetzt etwas matt in der warmen Frühlingssonne sitzen. Natürlich haben wir einiges vor, wollen uns gemeinsam alte Industriekultur und die eine oder andere Sehenswürdigkeit anschauen. Das Programm muss aber zunächst geändert werden. Anderl und ich dösen abwechselnd, erzählen zwischendurch ein paar Anekdoten, lachen, rauchen eine Virginia, machen wieder ein Nickerchen. Als uns eine hiesige Spezialität, die bergische Kaffeetafel (Waffeln mit Eis und heißen Kirschen), serviert wird, kommt etwas mehr Leben in die Runde. Ich beobachte Anderl, wie er genießt, schmunzelnd um einen Nachschlag bittet und fast andächtig, mit geschlossenen Augen den kräftigen, aromatischen Kaffee schluckweise trinkt.

„Der Mann ist gut doppelt so alt wie ich", geht es mir durch den Kopf, „wie hat er es nur geschafft, sich eine solche Physis zu bewahren? Er hat seinen Körper nie geschont und bestimmt auch nicht asketisch gelebt. Was ist sein Geheimnis?" Ich komme gar nicht dazu, länger diese Fragestellung durchzuphilosophieren, weil Anderl Lust bekommen hat, sich ein wenig die Beine zu vertreten. Schuhe angezogen, einen skistockähnlichen Gehstecken in die Hand, vorsichtig die Treppe hinunter, und schon stehen wir auf dem sonnendurchfluteten Hof des Hauses. Ich will den Wagen holen, um uns zu einem netten ebenen Waldweg zu chauffieren, weil die Pfade vom Haus weg doch ziemlich steil hinaufziehen. Es liegt direkt am Hang, und die Elfringhauser Schweiz macht gerade hier ihrem Namen alle Ehre. Nichts da, Anderl winkt ab, hakt sich bei mir ein, und schon gehen wir los. Der Weg hat sofort eine beträchtliche Steigung, und ich mache mir Sorgen, ob es wohl gut für Anderl ist, da hinaufzumarschieren.

Und wie das gut für ihn ist! Wie ausgewechselt ist er plötzlich. Sein Schritt wird federnd, der Körperschwerpunkt liegt sofort ökonomisch über den Füßen, richtig wach wird er nun, und statt zu schnaufen, beginnt er zu reden! Steil aufi würde es gehen, gerade so, wie er es besonders mag, er strahlt, ahmt den Gesang eines Dompfaffs nach, der direkt neben uns auf einem Tannenzweig aufgeregt hin und her hüpft. Anderl kann gar nicht anders. Wie ein Reflex kommt er gleich in Stimmung, sobald er unter seinen Füßen Gefälle spürt und sich um ihn herum Natur ausbreitet. Als wenn man auf einen Knopf drückt und eine gut gewartete Maschine anspringt, so zieht er bergan.

Hier etwas entdeckt, da auf eine Pflanze gezeigt und zwischendurch eine kurze Zwiesprache mit Kühen, die sich gemütlich direkt neben dem Weg niedergelassen haben. Ganz präsent ist er jetzt, alle Sinne laufen auf Hochtouren. Zielsicher sucht Anderl eine Bank für eine kurze Rast aus. Von ihr hat man einen herrlichen Ausblick über das Tal. Die schon niedriger stehende Sonne lässt Wald und Weiden, Steilhänge und Talgrund

Anderl Heckmair und Uli Auffermann feiern Heckmairs Geburtstag.

im weichen Licht fließend ineinander übergehen. Anderl atmet tief ein und wieder aus. An ein leise zu vernehmendes Aah fügt er hinzu: „Weißt, Uli, man muss im Leben immer steil bergwärts gehen, das hält einfach jung – und macht glücklich!"

Anderl Heckmair mit dem berühmten „Eiger-Mützchen", 1991

Trudl und Anderl Heckmair vor dem Eiger, 1978

Heckmair in seinem Garten in Oberstdorf

Im Einklang mit sich und der Welt:
Anderl Heckmair liebt seinen Bergführerberuf.

Anderl und Trudl Heckmair bei einer Gipfelrast im Allgäu, Ende sechziger Jahre

Heckmair, Juni 1990

Anderl und Trudl Heckmair bei einer Wanderung im Engenmoos, Herbst 1987

Alles gemeinsam erleben: das Motto der Heckmairs; hier bei der täglichen Wanderung in Oberstdorf

Anderl und Trudl Heckmair in der schwefelhaltigen Quelle auf Vulcano (Liparische Inseln); im Vordergrund Walter Kellermann mit Gattin (siehe dazu „Abgetaucht")

Anderl Heckmair reist regelmäßig zu „seiner" Eiger-Nordwand.

Anlässlich des Eiger-Jubiläums 1988 besucht Heckmair den Gedenkstein für die Verunglückten.

Heinrich Harrer und Anderl Heckmair beim 50-Jahr-Jubiläum der
Erstbesteigung der Eiger-Nordwand

oben: Heinrich Harrer, Anderl Heckmair und der Dalai Lama
bei der Einweihung des Harrer-Museums, Sommer 1992

links oben: Heinrich Harrer und Anderl Heckmair am Eiger, 1988

links unten: Heckmair mit Reinhold Messner auf Juval, 1997

Neujahrsempfang beim damaligen bayerischen Ministerpräsidenten Franz Josef Strauß, 1987 (siehe dazu „Auch das noch")

rechts: Der Hirtenstock ist bei jeder Wanderung dabei (siehe dazu „Der Hirtenstock oder woran das Herz hängt").

Anderl und Trudl Heckmair am Fuße des Fujiyama, Japan 1991

In Tokio treffen Anderl und Trudl Heckmair (in japanischer Tracht) Michiko Imai, die Erstbegeherin der „Japaner-Direttissima" der Eiger-Nordwand, Japan 1991

Jung geblieben mit 97:
Anderl Heckmair sieht man sein Alter nicht an, 2003.

oben: Anderl Heckmair genießt seine Zigarre und den Whisky (siehe dazu „Paradoxon der Gesundheit").

links oben: An seinem 90. Geburtstag wird Heckmair Ehrenbürger von Oberstdorf.

links unten: Enge Freunde – Anderl Heckmair und Uli Auffermann

Während einer Wanderpause genehmigen sich Anderl und Trudl Heckmair einen Schluck.

Geologisch-botanische Wanderung am Söllereck bei Oberstdorf, 1987

Die Münchener Schule

Münchener und Tiroler im Wettstreit mit den Wienern

Im zu Ende gehenden 19. Jahrhundert waren die Städte Wien und München zu Zentren des Alpinismus geworden. Hier hatten sich mit dem Österreichischen Alpenverein (1862) und dem Deutschen Alpenverein (1869) die ersten großen Verbände gegründet, und mit dem Österreichischen Alpenklub (1878), dem Akademischen Alpenverein München (1892) und der Sektion Bayerland (1895) die ersten Gruppen, die das extremere Bergsteigen für sich entdeckt hatten. Die Bergsteiger aus beiden Zentren standen untereinander, aber ganz besonders im Vergleich mit den Kletterern des jeweils anderen Lagers im Wettstreit um die Eröffnung und Wiederholung immer schwierigerer Anstiege und stritten manchmal auch um Kletterethik und Hakeneinsatz. Beide Gruppen trainierten in ihren nahe gelegenen Klettergebieten, die Münchener z. B. in den Klettergärten Buchenhain und Bayerbrunn, die Wiener in den verschiedenen Wiener Hausbergen, um dann in „ihren Alpenterritorien" Wilder Kaiser, Wetterstein und Karwendel (die Münchener und Tiroler) bzw. am Dachstein und Gesäuse (die Wiener) zu beweisen, was sie leisten konnten. Zur so genannten Münchener und Tiroler Schule gehörten unter anderem Hans Dülfer, Willo Welzenbach, Emil Solleder, Hans Pfann, Leo Maduschka, Otto Herzog, Hans Ertl, die Brüder Aschenbrenner und Schmid, Hans Lucke, Hias Rebitsch, Franz Fischer, Wiggerl Gramminger und auch Anderl Heckmair. Aus der „Wiener Schule", der man zum einen ausgeprägten Traditionalismus, zum anderen ein Flair von Leichtigkeit und Lässigkeit nachsagte, traten bereits um die Jahrhundertwende Männer wie Heinrich Pfannl, Thomas Maischberger oder Franz Zimmer hervor. 1911 – 1913 war dann Paul Preuß die herausragende Wiener Bergsteigerpersönlichkeit, bevor in den zwanziger und dreißiger Jahren die Gruppe der extremen Kletterer auch in Wien durch junge, begeisterte Männer aus einfachen Lebensverhältnissen erweitert wurde.

Häufiger Treffpunkt und Ausgangsbasis für die Wiener war die Haindlkar-Hütte im Gesäuse. Von dort machten sich Kletterer wie Emil Zsigmondy, Eugen G. Lammer, Alfred Horeschowsky, Franz Pikielko, Kurt Maix, Hans Schwanda, Karl Lukan, Hubert Peterka, Fritz Kasparek, Sepp Brunhuber, Fritz Sikorovsky, Raimund Schinko und andere mehr so oft wie möglich auf ins Gebirge, um schwierigste Wege zu wiederholen und selbst zu eröffnen.

Kurzporträts

Anderl Heckmair

✣ 1906, München   † 2005, Oberstdorf
Mit der Erstdurchsteigung der Eiger-Nordwand ist Anderl Heckmair ganz oben auf der Liste der alpinen Pioniere zu finden. Als Bergführerlegende verkörperte er die Werte des großen klassischen Alpinismus. Heckmair hatte es dabei nicht leicht. 1906 in München geboren, verbrachte er Kindheit und Jugend weitestgehend im Waisenhaus, war mittellos in der schweren Weltwirtschaftskrise Ende der zwanziger Jahre. Zu seinem Lebenselixier wurden die Berge, zu seinem Motor das Bergsteigen. Anderl Heckmair stand wie kaum ein Zweiter für das, was mit dem Begriff des „Bergvagabunden" gemeint ist, und gehörte zu den härtesten und fähigsten Kletterern der „Münchener und Tiroler Schule". Mit Gleichgesinnten radelte er bis nach Afrika, kam in die Schweiz und die Dolomiten. Eine schwierige Kletterei nach der anderen füllte bereits sein Tourenbuch, als er 1933 sein Ziel, die Autorisierung zum Bergführer, erreichte. Heckmair avancierte zu einem der besten Kletterer der dreißiger Jahre und krönte diesen Lebensabschnitt 1938 mit der Erstdurchsteigung der berühmt-berüchtigten Eiger-Nordwand, die ihm zusammen mit seinem Freund Ludwig Vörg und den Österreichern Fritz Kasparek und Heinrich Harrer gelang.

Die Nationalsozialisten nutzten diese alpine Spitzenleistung für ihre Propaganda und versuchten die vier Alpinisten zu vereinnahmen. Heckmair, der jedoch völlig unpolitisch war, wurde während des Zweiten Weltkrieges als „politisch unzuverlässig" eingestuft und an die Ostfront geschickt. Befreundete Bergsteiger holten ihn schließlich als Ausbilder an die Heereshochgebirgsschule Fulpmes im Tiroler Stubaital.

Nach dem Krieg rückte Anderl Heckmair seinen Beruf als Bergführer in den Mittelpunkt seines Lebens. Er führte Kunden auf viele Gipfel der Alpen, organisierte Expeditionen unter anderem nach Afrika, Südamerika, Kanada und in den Himalaja und war 1969 maßgeblich an der Gründung des Deutschen Bergführerverbandes beteiligt.

Anderl Heckmair lebte mit seiner zweiten Frau Trudl in Oberstdorf. Mit ihr war er von Australien über Japan und den Himalaja bis nach Kanada und Südamerika in den Bergen der Welt, und nicht nur dort, unterwegs. Wie viele Urlauber konnten mit ihm am Söllereck umherwandern und sich durch ihn und seine Frau einen Einblick in die Geologie und Botanik der Allgäuer Bergwelt verschaffen! Dreißig Jahre lang führte er diese Exkursionen im Auftrag der Oberstdorfer Kur AG durch.

Heckmair hielt bis ins hohe Alter Vorträge über seine Abenteuer, schrieb mehrere Erlebnisbücher und wurde vielfach geehrt, u. a. mit dem Bundesverdienstkreuz am Bande. Seine Aktivitäten jenseits von extremem Klettern, Expeditionen und Reisen waren so umfangreich und vielschichtig, dass es den Rahmen sprengen würde, wollte man sie alle auflisten. Jedoch lassen sie sich mit einem Satz sehr anschaulich beschreiben: Anderl Heckmair war durch seine Tätigkeiten ein Mittler des Erlebnisses Berg, ein Botschafter der Natur in all ihrer Vielgestaltigkeit!

Aus Anderl Heckmairs Tourenbuch:
- erste Begehung Oberreintalturm-Nordostwand, 1928
- fünfte Begehung Civetta-Nordwestwand, erstmals ohne Biwak, 1930
- zweite Begehung Sass Maor-Ostwand, 1930
- erste Begehung Grands Charmoz-Direkte-Nordwand, 1931
- 16. Begehung Große Zinne-Nordwand, erstmals ohne Biwak, 1935
- erste Begehung Eiger-Nordwand, 1938
- achte Begehung (erste deutsche) Grandes Jorasses-Walkerpfeiler, 1951

Hans Brehm

† 1931, in der Grandes Jorasses-Nordwand abgestürzt
Der gelernte Schlosser Hans Brehm kam aus ärmlichen Verhältnissen und war mit wenig Geld, aber viel Zeit einer der typischen Münchener Bergvagabunden. Seine größten Erfolge waren 1930 mit Heckmair die fünfte Begehung der Civetta-Nordwestwand und die erste Wiederholung der Sass Maor-Ostwand sowie mit Hans Ertl 1931 die Neutour durch die Direkte Königsspitze-Nordwand. Bei einem Erstbegehungsversuch an der Grandes Jorasses-Nordwand kam er im August 1931 ums Leben.

Hans Ertl

✷ 1908, München   † 2000, Bolivien
Nach einer Ausbildung zum Kaufmann wurde Hans Ertl Kameramann und in den fünfziger Jahren Farmer in Südamerika. Bei einer Grönland-Film-Expedition mit Arnold Fanck lernte er Leni Riefenstahl kennen und gehörte später u. a. zu den Kameramännern des Olympiafilms 1936. 1950 war er Leiter der deutschen Andenkundfahrt und 1953 am Nanga Parbat, wo er einen preisgekrönten Film drehte. Großen Erfolg hatte Ertl bei den Erstbegehungen der Königsspitze-Nordwand (1930) und der Ortler-Nordwand (1931).

Franz Fischer

✷ 1906, Ohlstadt   † 1975
In der Zeit der Massenarbeitslosigkeit war „Fischer Franzl" häufig wochenlang im Wetterstein unterwegs. Dort lernte er einige „Hochemporler" kennen und schloss sich ihnen an. Mit

einer Unterbrechung während des Zweiten Weltkrieges war Fischer von 1934 bis 1953 Hüttenwirt auf der Oberreintal-Hütte, prägte dort mehrere Generationen junger und alter Bergsteiger und machte die Hütte zum Treffpunkt der Extremen. Über lange Jahre war er auch sehr aktiv bei Rettungseinsätzen tätig. Später dann, als er selbst nicht mehr aktiv war, gab er mit seiner einmaligen Art der Tannheimer Hütte eine ganz besondere Atmosphäre.

Ludwig Gramminger

✻ 1906, München   † 1997, München

Gramminger gehörte in den zwanziger und dreißiger Jahren zu dem Kreis der Münchener Kletterer, die im Kaisergebirge, Karwendel und Wetterstein die damals schwierigsten Anstiege meisterten. Er trat 1925 in die Bergwacht ein; von 1929 an war er Mitglied der Sektion „Bayerland". Ab 1931 war er im Hauptberuf Bergretter. Als Rettungsspezialist, Gerätekonstrukteur, Ausbildungsleiter u. a. m. baute Gramminger die Deutsche Bergwacht zu einer tatkräftigen Rettungsorganisation aus und gab viele Impulse für die internationalen Bergrettungseinrichtungen. 1948 Mitbegründer der Internationalen Kommission für das Alpine Rettungswesen, war er bei vielen spektakulären Rettungseinsätzen dabei (z. B. 1957 bei der Corti-Rettung am Eiger). Für seine Arbeit wurde er mehrfach geehrt, erhielt z. B. das Grüne Kreuz vom Alpenverein und das Bundesverdienstkreuz durch Bundespräsident Heinemann. In dem Buch „Das gerettete Leben" beschreibt er eindrucksvoll sein Leben im Dienst der Bergrettung.

Heinrich Harrer

✣ 1912, Hüttenberg (Kärnten)
Harrer gehörte als sehr aktiver Skiläufer 1936 zum Olympiakader, unternahm zahlreiche Felsfahrten, bevor ihm 1938 in der Seilschaft Heckmair/Vörg/Kasparek die Aufsehen erregende Erstbegehung der Eiger-Nordwand glückte. 1939 am Nanga Parbat, als Folge des Kriegsausbruches, in Indien von den Briten interniert, Flucht im April 1944 nach Tibet, Lehrer des Dalai Lama (1944–1951). Danach als Weltreisender unterwegs, hier einige seiner Stationen: Himalaja (1951, 1964/65, 1973, 1976 und mehrmals in den Jahren danach), Anden und Amazonas (1953), Alaska (1955), Kongo (1957, 1977), Grönland (1970), Sudan (1971). Harrer schrieb viele Bücher und Berichte über seine Reisen und Erlebnisse (z. B. „Sieben Jahre in Tibet", „Die weiße Spinne – Die Geschichte der Eiger-Nordwand").

Toni Hiebeler

✣ 1930, bei Bregenz   † 1984, Hubschrauberabsturz
1947 begann er mit dem extremen Klettern, er wiederholte schwierigste Routen, ihm gelangen zahlreiche Neutouren und Wintererstbegehungen (z. B. Eiger-Nordwand, 1961, Civetta-Nordwestwand, 1963).
Er ist Autor zahlreicher Bücher und war Redakteur bzw. Chefredakteur verschiedener alpiner Zeitschriften.

Fritz Kasparek

✣ 1910, Wien   † 1954, Wechtenabbruch am Salcantay (Anden)
Kasparek war von 1928 bis 1933 vorzugsweise im Gesäuse unterwegs, 1933 erstmals in den Dolomiten. Er wiederholte vie-

le bekannte Routen; war mehr als zehn Jahre vor allem mit Sepp Brunhuber aktiv; zusammen gelangen ihnen einige sehr schwere Winterbegehungen. Sie planten auch die Erstbegehung der, aber Brunhuber musste kurzfristig absagen; so ging Kasparek mit Heinrich Harrer zum Eiger. Dort schlossen sie sich mit der Seilschaft Heckmair/Vörg zusammen und erreichten am 24. Juli 1938 den Gipfel. Kasparek, einer der österreichischen Bergvagabunden, machte per Fahrrad Abstecher in die Apenninen, zum Montblanc und in die Pyrenäen. 1943 nahm er an einer Kaukasus-Expedition teil. Kasparek schrieb das Buch „Vom Peilstein zur Eiger-Nordwand".

Aus Kaspareks Tourenbuch:
- fünfte Begehung Marmolada-Südpfeiler „Micheluzzi", 1935
- zweite Begehung Civetta-Nordwestwand „Comici", 1935
- erste Winter-Begehung Rosskuppenkante, März 1936
- dritte Begehung Laliderer-Nordwand „Auckenthaler", 1936
- erste Winter-Begehung Kleine Zinne „Preußriss", März 1937
- vierte Begehung Westliche Zinne-Nordwand „Cassin", 1937
- erste Winter-Begehung Große Zinne-Nordwand „Comici", März 1938
- erste Begehung Eiger-Nordwand „Heckmair", 1938
- erste Winter-Begehung Hochtor-Nordwand „Pfannl", Feber 1941

Walter Kellermann

✣ 1940, Berchtesgadener Land
   Früher Zollbeamter, ist er seit 1971 Berg- und Skiführer und seit 1978 in Reit im Winkl selbständiger Bergführer. Der international anerkannte Lawinenexperte engagiert sich in der Technischen Kommission der Internationalen Vereinigung der Bergführerverbände (IVBV) wie auch im Verband der Deutschen

Berg- und Skiführer (VDBS) und ist u. a. Leiter von Lawinenlehrgängen und Bergführerkursen sowie Buchautor.

Hermann Köllensperger

✲ 1926, Diessen am Attersee
   Nach seinem großen Erfolg am Walkerpfeiler, 1951 zusammen mit Anderl Heckmair, nahm er 1953 an der erfolgreichen Nanga Parbat-Expedition teil. Später folgten noch weitere Expeditionen, wobei ihm u. a. 1965 die Erstbesteigung des Gangapurna (7454 m) glückte.

Gustav Kröner

✲ in Traunstein † 1933, durch Steinschlag in der Matterhorn-Nordwand
   Kröner, der in München Kunst studierte, gehörte zur Gruppe „Klettergilde" um Welzenbach, Merkl, Schmitt und Huber. Schon 1930 war Kröner in den Westalpen unterwegs (2. Begehung der Montblanc-„Sentinelle Rouge"), bevor ihm 1931 mit Heckmair die erste Begehung der Direkten Grands Charmoz-Nordwand gelang. Gemeinsam bereisten sie ein Jahr später den Hohen Atlas.

Hans Lucke

✲ 1901, Kufstein † 1988, Kufstein
   Gehörte mit zu dem Kreis der Münchener und Tiroler Kletterer, die sich häufig im Kaiser zusammenfanden. Hier glückten ihm einige schwierige Erstbegehungen (z. B. Leuchtsturm-Südwand und Fleischbank-Ostwand, beide 1930 mit Peter Aschenbrenner).

Mathias Rebitsch

✷ 1911, Brixlegg   † 1990, Innsbruck
Nach dem Studium der Chemie war Rebitsch im Krieg u. a. Chefausbilder an der Heereshochgebirgsschule Fulpmes, später u. a. als Referent des Österreichischen Alpenvereins für das Expeditionswesen und die Bergführerausbildung tätig. 1972 wurde er zum Ehrenprofessor ernannt. 1931 gelang ihm die erste Neutour, der noch etwa 30 bedeutende Erstbegehungen folgten.
Aus Rebitschs Tourenbuch:
- Sagzahn-Nordostkante, 1931
- Goldkappl-Südwand, 1936
- Riepenwand-Direkte-Nordwand, 1936
- Lalidererspitze-Direkte-Nordwand, 1946
- Fleischbank-„Rebitsch-Risse", 1946
- Lalidererspitze-Nordverschneidung, 1947

1951 beendeten ein Ski- und ein Motorradunfall sein extremes Klettern. 1952 war er erstmals in den Anden und 1954 Leiter der deutsch-österreichischen Karakorum-Expedition, an der auch Anderl Heckmair teilnahm. Zwischen 1956 und 1965 zog es Rebitsch immer wieder in die Anden, um der ihn faszinierenden Archäologie nachzugehen.

Leo Rittler

✷ 1907, München   † 1931, in der Grandes Jorasses-Nordwand abgestürzt
Auch Rittler war ein radelnder Bergabenteurer. 1925 begann er mit Freunden vom Alpinclub „Hochempor" mit schweren Klettertouren. Emil Solleder gilt als sein „alpiner Lehrmeister", mit ihm glückten Rittler mehrere Neuanstiege, z. B. 1927 am Unteren Berggeistturm (Wetterstein) die Nordwestkante. 1928 eröffnete er den „Rittler-Riss" in der Totenkirchl-Nordwand,

1929 die Cima della Busazza-Westkante und ein Jahr später die nach ihm benannte Südwestkante am Bauernpredigtstuhl.

Ludwig (Wiggerl) Vörg

✣ 1911, München   † 1941, gefallen in Polen

Große Erfahrung im Eis erwarb sich Vörg bei Kaukasus-Kundfahrten 1935 und 1936. Er erstieg dabei mehrere Vier- und Fünftausender erstmalig, überschritt den Uschba-Hauptgipfel (1935) und führte die Erstbegehung der direkten Uschba-Nordwand durch (1936).

Zusammen mit Rebitsch gelang ihm 1937 ein Aufsehen erregender Rückzug aus der Eiger-Nordwand. Mit Heckmair, Kasparek und Harrer gelang ihm 1938 die Erstbegehung der Eiger-Nordwand.

Heckmair, Vörg, Kasparek und Harrer nach der Erstdurchsteigung der Eiger-Nordwand, 1938

 TYROLIA

ERLEBNIS BERGE

„Momente der Einsamkeit,
Momente des Lebens,
Momente der Schönheit,
Momente des Erhabenen,
Momente innerer Einkehr,
Momente des Glücks."

Marco Bianchi
Die Achttausender
Die 14 höchsten Berge der Welt im Karakorum
und im Himalaya
Mit einem Vorwort von Hans Kammerlander
200 Seiten; 223 farbige Abbildungen; 4 Karten;
gebunden mit SU
ISBN 3-7022-2591-9

Über 200 grandiose Farbaufnahmen zeigen die raue Schönheit der mächtigsten Berge der Erde, das Leben der Völker in diesen kargen Gegenden Pakistans, Nepals und Tibets und das Bemühen von Alpinisten aus aller Welt, diese Giganten der Bergwelt zu erobern.

„Das Buch vereint auf sehr gelungene Weise den authentischen Bericht eines Alpinisten, der diese Juwele der Natur bereits bestiegen hat, mit der Faszination der Bilder." (Land der Berge)

TYROLIA VERLAG · INNSBRUCK - WIEN

ERLESENE BILD-BIOGRAPHIEN

Werner Haim
Mein Leben als Bergsteiger und im Rollstuhl
Mit einem Vorwort von Peter Habeler und
Univ.-Prof. Dr. Raimund Margreiter
2. Auflage
160 Seiten; 48 farbige und 22 sw. Abbildungen;
gebunden mit SU
ISBN 3-7022-2523-4

Von Höhenflügen einer Bergsteigerkarriere, vom Absturz ins Bodenlose und von persönlichen Siegen im Rollstuhl.
Das mit heiteren Anekdoten aufgelockerte Buch ist eine packende Biographie und ein Stück Zeitgeschichte aus der Welt der Berge und großen Abenteuerfahrten.

„In einer Zeit, in der Unzufriedenheit eines der hervorragendsten Merkmale einer saturierten Gesellschaft geworden ist, mögen viele, auch Nichtbergsteiger dieses Buch lesen und daraus lernen". (Univ.-Prof. Dr. Raimund Margreiter)

Louis Oberwalder / Nicholas Mailänder / Hans Haid / Peter Haßlacher / Franz Fliri
Franz Senn
Alpinismuspionier und Gründer des Alpenvereins
Persönlichkeit, Weg und historische Leistung
200 Seiten; 50 farbige und 36 sw. Abbildungen;
gebunden mit SU
ISBN 3-7022-2629-X

Franz Senn, Kurat und Pfarrer von Vent, ist der Pionier des frühen Tourismus in Tirol und Initiator der Gründung des Alpenvereins. Er hat die Entwicklung des Ötztals und ganz Tirols wesentlich mitgeprägt. Mit dieser Biographie wird nun erstmals Leben und Werk dieses bedeutenden Tirolers umfassend gewürdigt.

TYROLIA VERLAG · INNSBRUCK - WIEN

Bibliografische Information Der Deutschen Bibliothek
Die Deutsche Bibliothek verzeichnet diese Publikation in der Deutschen
Nationalbibliografie; detaillierte bibliografische Daten sind im Internet über
http://dnb.ddb.de abrufbar.

2005
© Verlagsanstalt Tyrolia, Innsbruck
Sämtliche Bilder stammen aus dem Archiv Heckmair/Auffermann,
außer S. 149 unten: Archiv Kellermann
Umschlaggestaltung: unisono Werbeagentur, Innsbruck
Layout und digitale Gestaltung: Tyrolia-Verlag
Druck und Bindung: Gorenjski-Tisk, Slowenien
ISBN 3-7022-2690-7
E-Mail: buchverlag@tyrolia.at
Internet: www.tyrolia.at